Rudolf Sachs

Deutsche Handelskorrespondenz

Rudolf Sachs

Deutsche

Handelskorrespondenz

Der Briefwechsel in Export und Import

Max Hueber Verlag

Hueber-Nr. 3-19-00.1102-8

3. Auflage 1976
© 1969 by Max Hueber Verlag, München
Umschlaggestaltung: W. Link, Ebenhausen
Gesamtherstellung: Druckerei Ludwig Auer Donauwörth
Printed in Germany

VORWORT

Dieses Buch unterscheidet sich von den vielen bereits auf dem Markt befindlichen Lehrbüchern der deutschen Handelskorrespondenz vor allem in zweierlei Hinsicht: Erstens befaßt es sich ausschließlich mit der Abwicklung von Außenhandelsgeschäften und zweitens ist es hauptsächlich für kaufmännisch interessierte Ausländer mit entsprechenden Vorkenntnissen in der deutschen Sprache bestimmt, die deutsche Geschäftsbriefe verstehen und schreiben lernen wollen. Daneben dürfte das Buch aber auch im Inland Interesse finden, um so mehr als es sich nicht auf die reine Korrespondenz beschränkt, sondern gleichzeitig mit der Technik des Außenhandels vertraut macht.

Das Buch besteht aus drei Teilen: *A. Die äußere Form des deutschen Geschäftsbriefs* mit Erklärungen zum deutschen Norm-Briefblatt und seiner Beschriftung. *B. Arten von Geschäftsbriefen.* Hier werden in 15 Kapiteln die bei Außenhandelsgeschäften am häufigsten vorkommenden Briefarten erläutert. *C. Anhang,* bestehend aus einem *Fortlaufenden Wörterverzeichnis* deutsch–englisch–französisch–spanisch und einem *Kleinen Fachwörterlexikon* mit anhängendem alphabetischen Wörterverzeichnis in den gleichen Sprachen. Das Kleine Fachwörterlexikon enthält Definitionen und Erklärungen der wichtigsten Außenhandelsbegriffe.

Jedes Korrespondenzkapitel umfaßt eine kurze Einleitung, Musterbriefe und Übungen. Die Abwicklung von Außenhandelsgeschäften wird an Hand von sechs Briefreihen dargestellt, von denen drei den normalen und drei den gestörten Ablauf eines Geschäfts behandeln. Die Briefe des deutschen Geschäftspartners in jeder Briefreihe dienen als Muster, die Briefe des ausländischen Geschäftspartners sind jeweils nach Angaben zu entwerfen. Neben den Briefreihen enthält das Buch noch weitere Musterbriefe – zum Teil auf Original-Firmenbogen – und zusätzliche Übungen.

Der Verfasser bedankt sich für die freundliche Unterstützung, die ihm bei der Vorbereitung des Buches von folgenden Firmen zuteil wurde: Alois Dallmayr KG, München; form im raum, Ziersch & Co., München; J.E. Hammer & Söhne, Pforzheim; Max Hueber Verlag, München; Körting Radio Werke GmbH, Grassau (Chiemgau); F. Ludwig Kübler, München; Gebr. Märklin & Cie.

GmbH, Göppingen (Württ.); Ralph-Modellkleidung, Ralph Louisoder, München; Süd-Chemie AG, München.

Besonderer Dank gebührt Herrn Heinz Graf, Leiter der Deutschen Abteilung des Sprachen- und Dolmetscher-Instituts München, und Herrn Dipl.-Kfm. Ottmar Schneider, Syndikus der Industrie- und Handelskammer für München und Oberbayern, die sich der Mühe unterzogen, das Manuskript durchzusehen. Der Verfasser möchte an dieser Stelle auch seiner Frau Dank für ihre Mitarbeit aussprechen.

Der französische Teil der beiden Wörterverzeichnisse wurde von Herrn Andreas Brenninger, Fachübersetzer für Technik und Wirtschaft, und M. Jacques Vaccaro, Licencié ès lettres, der spanische Teil von Herrn Brenninger und der englische vom Verfasser erstellt.

Für Verbesserungsvorschläge und Anregungen ist der Verfasser stets dankbar. Vor allem aber würde es ihn freuen, gute Geschäftsbriefe aus der Praxis zu erhalten, die dann evtl. bei künftigen Auflagen Verwendung finden könnten.

München, Januar 1969

Verfasser und Verlag

INHALTSVERZEICHNIS

Muster eines deutschen Geschäftsbriefs

①

KÖRTING RADIO WERKE GMBH

KÖRTING RADIO WERKE GMBH, 8211 Grassau (Chiemgau)

Firma
② Eduard Bleuel
Postfach 415

Ch-8040 Zürich

S c h w e i z

•   •

③

Ihre Zeichen	Ihre Nachricht	Unser Zeichen	8211 Grassau (Chiemgau)
		KD-A KLI/wj	13. Mai 19..

Betreff
④ Bedienungssymbole für Farbfernsehgeräte

⑤ Sehr geehrter Herr Bleuel,

wie Ihnen sicher bekannt ist, fertigen wir bei Körting Austria
nicht nur Farbfernsehgeräte für die Schweiz, sondern auch für
die skandinavischen Länder und England.

Als Anlage zu diesem Brief erhalten Sie Zeichnung Nr. 2-02262.
Es handelt sich um das Zierblech für das 25"-Farbfernsehgerät.
Wie anhand dieser Zeichnung ersichtlich, haben wir mit Rück-
⑥ sicht auf die unterschiedlichen Sprachen in den genannten Ländern auf jegliche Beschriftung verzichtet und uns nach Abstimmung mit unseren Kunden einheitlicher internationaler Symbole
bedient.

Es wäre für uns eine wesentliche Erleichterung, wenn auch Sie
sich dazu entschließen könnten, ebenfalls mit den in dieser
Zeichnung angegebenen Symbolen zu arbeiten. Selbstverständlich
wird in der jedem Gerät beigegebenen Bedienungsanleitung die
Bedeutung der Symbole genau erklärt.

Wir würden es begrüßen, wenn wir auch für Ihre Geräte dieses
Zierblech verwenden dürften, und danken Ihnen schon jetzt für
Ihren positiven Bescheid.

⑦   Mit freundlichen Grüßen

⑧   KÖRTING RADIO WERKE
               GmbH

⑨ Anlage
Zeichnung Nr. 2-02262

Drahtwort	Fernsprecher	Fernschreiber	Bahnanschrift	Bankkonto	Postscheckkonto	Postfach 20
Koertingradio	Grassau (Chiemgau)	056842	Werk I Staudach-Grassau	Bayerische Staatsbank	München 744 09	
Grassauchiemgau	08641 / 2051	Koert a Grassau	Werk II Siegsdorf/Obb.	München 1569		

A. DIE ÄUSSERE FORM
DES DEUTSCHEN GESCHÄFTSBRIEFS

Die deutschen Firmen verwenden Briefblätter, die durch DIN-Normen nach Format, Raumeinteilung und Bedruckung vereinheitlicht sind. (Mit DIN bezeichnet man die vom Deutschen Normenausschuß geschaffenen Normen.) Der normale Brief hat das Format DIN A 4 (210 × 297 mm).

Die verkleinerte Wiedergabe eines DIN A 4-Briefes auf S. 8 zeigt die Bestandteile eines Geschäftsbriefs und ihre Anordnung auf dem Briefblatt.

1. Briefkopf

Der Briefkopf enthält den Namen (evtl. auch die Anschrift) der Firma. Außerdem können auch der Geschäftszweig, das Gründungsjahr usw. angegeben sein.

2. Anschrift des Empfängers

Hier werden der Name und die Postanschrift des Empfängers angegeben.

Bei Einzelpersonen setzt man die Anrede *Herrn*, *Frau* oder *Fräulein* vor den Namen.

Herrn[1]
Max Müller

Frau
Johanna Becker

Fräulein
Ilse Schmitt

Berufs- und Amtsbezeichnungen stehen hinter der Anrede, akademische Titel unmittelbar vor dem Namen.

Herrn Rechtsanwalt
Dr. Georg Sauer

Herrn Ministerialrat
Dr. Walter Hauser

Herrn
Dipl.-Ing. Karl Bauer

[1] *Herrn* ist Dativ (dem Herrn)

An Firmen schreibt man wie folgt:

```
Firma              Textilgroßhandel      Süddeutsche
Georg Berger       Maier & Co.           Maschinenbau AG
```

Wenn ein Brief, der an eine Firma gerichtet ist, einer bestimmten Person zugeleitet werden soll, so verwendet man die Abkürzung *z.H.* (zu Händen).

```
                   Winter & Co. KG
                   z.H. Herrn Dr. Mertens
```

Die Postanschrift besteht aus Postleitzahl, Ort, Straße und Hausnummer.

Die Postleitzahlen werden links vor den Ortsnamen gesetzt. Bei größeren Orten muß außerdem rechts vom Ortsnamen die Nummer des Zustellpostamts oder der Postbezirk angegeben werden. Postleitzahl und Ortsname (mit Postamtsnummer oder Postbezirk) werden unterstrichen. Darunter setzt man den Namen der Straße und die Hausnummer.

```
8 München 12                1 Berlin-Charlottenburg
Ganghoferstr. 36            Guerickestraße 25
```

Es ist beabsichtigt, die Form der Postanschrift in der Weise abzuändern, daß der Ortsname mit den postamtlichen Leitangaben – wie international üblich – *unter* den Namen der Straße geschrieben wird.

Für die *Schreibung der Straßennamen* gelten folgende Regeln:

Straßennamen, die aus einem unveränderten Substantiv oder Adjektiv gebildet werden, schreibt man in einem Wort.

```
Goethestraße       Gartenweg       Hochstraße
```

Straßennamen, die aus einem veränderten Substantiv oder Adjektiv gebildet werden, schreibt man getrennt und ohne Bindestrich. Das gleiche gilt, wenn eine Präposition zum Straßennamen gehört.

```
Nürnberger Straße      Neue Straße      Unter den Linden
```

Straßennamen, die aus Vor- und Nachnamen oder einem Titel und einem Namen gebildet werden, schreibt man getrennt mit Bindestrich.

```
Friedrich-von-Schiller-Platz      Bürgermeister-Keller-Straße
```

Wenn der Empfänger ein Postfach hat, gibt man anstelle von Straße und Hausnummer die Nummer des Postfachs an.

Postsendungen mit dem Vermerk *Postlagernd* werden beim Zustellpostamt zur Abholung bereitgehalten.

8 München 23

Postlagernd

Bei Briefen ins Ausland muß auch das Bestimmungsland genannt werden. Es steht unter der Anschrift und wird unterstrichen. (Die Angabe des Bestimmungslandes ist für die Post des Absenderlandes bestimmt und muß daher stets in der Sprache dieses Landes erfolgen.)

Besondere Anweisungen an die Post, wie z. B. *Mit Luftpost* oder *Einschreiben*, werden über die Anschrift gesetzt und unterstrichen.

3. Bezugszeichen und Datum

Es ist beim Geschäftsbrief üblich, Diktatzeichen anzugeben, auf die der Empfänger dann in seiner Antwort Bezug nimmt.

Die Diktatzeichen bestehen aus den Anfangsbuchstaben der Namen des Ansagers und seiner Schreibkraft (oder den abgekürzten Namen), evtl. mit einem die Abteilung bezeichnenden Zusatz, z. B. *Verk. M/H* (Abteilung Verkauf – Herr Müller hat den Brief diktiert, Fräulein Huber hat ihn geschrieben). Die eigenen Diktatzeichen und – wenn man einen Brief beantwortet – die Diktatzeichen der anderen Firma sowie das Datum des betreffenden Schreibens werden unter die entsprechenden Leitwörter (*Ihre Zeichen* usw.) gesetzt.[1]

Rechts neben den Leitwörtern steht die Anschrift des Absenders oder (falls die Anschrift im Briefkopf angegeben ist) das Wort *Tag*. Darunter ist der Platz für das Datum des Briefs.

Die Monatsnamen beim Datum kann man entweder ausschreiben oder durch Zahlen ausdrücken. Für die langen Monatsnamen gibt es auch Abkürzungen: Jan., Feb., Aug., Sept., Okt., Nov. und Dez.

6. März 19..   6. 3. 19..

[1] Es empfiehlt sich, in Ihrer Korrespondenz mit deutschen Geschäftsfreunden stets die Diktatzeichen der deutschen Firma anzugeben, selbst wenn auf Ihrem Firmenbogen keine gedruckten Leitwörter für die Bezugszeichen stehen. Dies erleichtert die Bearbeitung Ihrer Korrespondenz und hilft Zeit sparen.

4. Betreff

Unter das Wort *Betreff* setzt man eine stichwortartige Inhaltsangabe. Der Betreff-Vermerk wird unterstrichen (wenn mehrzeilig, nur die letzte Zeile).

5. Anrede

Eine Anrede ist stets erforderlich, wenn man an eine Einzelperson schreibt. In Briefen an Firmen ist in der Auslandskorrespondenz die Anrede *Sehr geehrte Herren* üblich; in der Inlandskorrespondenz wird sie oft weggelassen. Briefe an deutsche Behörden werden meist ohne Anrede geschrieben.

Die Anrede steht zwischen Betreff und Textbeginn. Sie lautet gewöhnlich:

> Sehr geehrter Herr Huber!   Sehr geehrte Frau Maier!
> Sehr geehrtes Fräulein Müller!

Manchmal steht statt des Namens ein Titel:

> Sehr geehrter Herr Direktor!   Sehr geehrter Herr Professor!

An Freunde und gute Bekannte schreibt man:

> Lieber Herr Bauer!

Anstelle des Ausrufezeichens nach der Anrede setzt man jetzt häufig ein Komma und beginnt dann den Brief mit einem kleinen Anfangsbuchstaben.

6. Brieftext

Damit der Brief übersichtlich wird, deutet man an, welche Zeilen gedanklich zusammengehören, indem man Absätze macht.

7. Grußformel

Die Grußformel steht rechts unter dem Brieftext. Sie lautet heutzutage meist *Mit freundlichen Grüßen*; das früher übliche *Hochachtungsvoll* wird immer seltener. Wenn man besonders höflich sein will, schreibt man *Mit vorzüglicher Hochachtung*.

12

8. Unterschrift

Auf die Grußformel folgt die Unterschrift. Bei Firmen steht über der Unterschrift bzw. den Unterschriften der mit der Maschine geschriebene Firmenname. Der Name des Unterzeichners wird oft maschinenschriftlich wiederholt. Der Handlungsbevollmächtigte setzt vor seine Unterschrift *i. A.* (im Auftrag) oder *i. V.* (in Vollmacht), der Prokurist *p. p.* oder *ppa.* (per procura).

9. Anlagevermerk

Anlagen zum Brief werden links unten auf dem Briefblatt angegeben. Unter dem Wort *Anlage* oder *Anlagen*, das unterstrichen wird, führt man die Anlage bzw. Anlagen auf. (Manchmal steht im Anlagevermerk nur die Zahl der Anlagen, z. B. *2 Anlagen*, dafür wird aber jeweils neben die Textzeile, in der die Anlage erwähnt ist, ein Schrägstrich links an den Rand gesetzt.)

B. ARTEN VON GESCHÄFTSBRIEFEN

I. Firmennachweis

Firmen, die im Ausland Abnehmer, Lieferer[1] oder Vertreter suchen, können verschiedene Stellen im In- und Ausland um den Nachweis geeigneter Firmen bitten. Im Inland sind dies u. a. die Handelskammern des eigenen Landes, die Fachverbände und die Banken sowie die ausländischen diplomatischen und konsularischen Vertretungen, die ausländischen Handelskammern und andere ausländische Wirtschaftsorganisationen. Im Ausland kommen vor allem in Frage: die diplomatischen und konsularischen Vertretungen des eigenen Landes, die vom eigenen Land unterhaltenen Handelskammern, die ausländischen Handelskammern und die ausländischen Fachverbände.

Musterbriefe

1. Deutsche Maschinenfabrik schreibt an die Finnische Handelsvertretung in Köln

---

Sehr geehrte Herren!

Wir sind Hersteller von Spezialmaschinen für die Holzbearbeitung und möchten gerne mit Firmen in Finnland in Verbindung treten, die Bedarf an solchen Maschinen haben.

Um Ihnen einen Überblick über unser Fertigungsprogramm zu geben, legen wir einige Prospekte bei. Wir sind seit über 50 Jahren auf die Herstellung von Holzbearbeitungsmaschinen spezialisiert und verfügen über große Erfahrung auf diesem Gebiet.

[1] *auch:* Lieferant

14

Wir wären Ihnen sehr dankbar, wenn Sie uns finnische Firmen nennen würden, die sich eventuell für unsere Erzeugnisse interessieren. Wir werden uns dann direkt an diese Firmen wenden.

Mit freundlichen Grüßen

Anlage
Prospekte

---

2. Briefreihe I, a (→ Nr. 1 auf S. 17)

Die Firma Hartmann & Co. in München wendet sich an die Italienische Handelskammer in München.

An die
Italienische Handelskammer

8 München 15
Hermann-Schmid-Str. 8

25. 8. 19. .

Betreff
Firmennachweis

Sehr geehrte Herren!

Als Hersteller von Damenkostümen haben wir laufend Bedarf an Wollstoffen. Wir möchten nun auch von italienischen Textilfabriken Angebote einholen und bitten Sie deshalb, uns die Namen und Anschriften einiger zuverlässiger Firmen in dieser Branche mitzuteilen.

Mit freundlichen Grüßen

Hartmann & Co.

Übungen

1. Die Tabriz Textile Company in Täbris (Iran) möchte in Deutschland einen automatischen Webstuhl kaufen. Die Botschaft der Bundesrepublik Deutschland in Teheran verweist sie an den Fachverband Textilmaschinen, 6 Frankfurt/Main, Jügelstr. 13.

Aufgabe: Entwerfen Sie das Schreiben der Tabriz Textile Company an den Fachverband Textilmaschinen.

2. Die Ta Tung Manufacturing Company in Hongkong, die Taschenlampen, Batterien und Transformatoren herstellt, sucht Verbindung zu Importeuren in Süddeutschland und wendet sich an die Industrie- und Handelskammer für München und Oberbayern, 8 München 2, Max-Joseph-Str. 2. Sie erwähnt in ihrem Schreiben, daß sie Mitglied der Hong Kong Chamber of Commerce ist, und gibt als Auskunftstellen die Hong Kong and Shanghai Banking Corporation, Hongkong, und die Chartered Bank, Hongkong, an.

Aufgabe: Entwerfen Sie das Schreiben der Ta Tung Manufacturing Company an die Industrie- und Handelskammer in München.

II. Anfrage

In der Anfrage fordert der Käufer Kataloge, Prospekte, Preislisten, Muster usw. an oder bittet den Lieferer um ein ausführliches Angebot.

Eine Anfrage ist stets unverbindlich. Es ist üblich, gleichzeitig Anfragen an mehrere Firmen zu richten, um auf diese Weise die günstigste Bezugsquelle zu ermitteln.

Musterbriefe

1. Briefreihe I, b (← Nr. 2 auf S. 15, → Nr. 1 auf S. 30)

Hartmann & Co. senden Anfragen an die italienischen Webereien, die ihnen von der Italienischen Handelskammer genannt wurden. Hier ist die Anfrage an die Cora S.p.A., eine Firma in Biella, zu deren Korrespondenzsprachen auch Deutsch gehört:

Cora S.p.A.

I-13051 Biella

Piazza Vecchia 29

Italien

31. 8. 19..

Betreff
Anfrage

Sehr geehrte Herren!

Die Italienische Handelskammer in München war so freundlich, uns Ihre Anschrift zur Verfügung zu stellen.

Wir sind Hersteller von Damenkostümen und benötigen laufend Wollstoffe guter Qualität in den gängigen Farben. Bitte senden Sie uns so bald wie möglich ein Angebot mit Mustern Ihrer Stoffe und ausführlichen Angaben über Lieferzeiten, Preise, Lieferungs- und Zahlungsbedingungen.

17

Auskünfte über unsere Firma erhalten Sie jederzeit von der Dresdner Bank in München.

Wenn Ihre Erzeugnisse konkurrenzfähig sind, könnte sich eine dauerhafte Geschäftsverbindung ergeben.

Mit freundlichen Grüßen

Hartmann & Co.

---

2. Anfrage wegen Sonderanfertigung einer Maschine

Sehr geehrte Herren,

wir besuchten letzte Woche Ihren Stand auf der Hannover-Messe und erfuhren dabei von Ihrem Verkaufsleiter, Mr. Mills, daß Sie auch Spezialanfertigungen übernehmen.

Wir benötigen bis spätestens 1. 2. 19.. eine vollautomatische Bohr- und Gewindeschneidmaschine nach beiliegenden Zeichnungen. Bitte teilen Sie uns mit, ob Sie die Maschine bis zu diesem Termin liefern können. Für die Mitteilung des Preises und Ihrer Verkaufsbedingungen wären wir Ihnen ebenfalls dankbar.

Wenn Sie sich über uns erkundigen wollen, wenden Sie sich bitte an die Birmingham Lathe Company in Birmingham, von der wir bereits mehrere Maschinen bezogen haben, oder an die Deutsche Bank in Nürnberg.

Mit freundlichen Grüßen

Anlagen
Zeichnungen

---

3. Anfrage wegen Zuchtperlen

1860 / 1960 / 100 Jahre

J. E. Hammer & Söhne

Goldwarenfabrik

J. E. Hammer & Söhne · 7530 Pforzheim/Germany · Postfach 751

Tachibana Pearl Co. Ltd.
19 Arata-machi, 4 chome,
Showa-ku

N a g o y a

J a p a n

PFORZHEIM
Hohenzollernstraße 79
Postfach 751
Telefon 23282

Postscheck-Konto: Karlsruhe 24848
Volksbank Pforzheim Konto 18 612

Ihr Zeichen	Ihre Nachricht vom	Unser Zeichen	
		FH/CH	7530 Pforzheim, den 28. Oktober 19..

Sehr geehrte Herren!

Ihrer Anzeige in der letzten Nummer der "Übersee-Post" entnehmen
wir, daß Sie erstklassige Zuchtperlen liefern.

Wir interessieren uns für 3/4-Zuchtperlen, gebohrt, in den Größen
von 4 - 8 mm, und wären Ihnen sehr dankbar, wenn Sie uns ein Angebot mit Mustern zusenden würden.

Ihrer baldigen Antwort sehen wir mit Interesse entgegen.

Mit freundlichen Grüßen
J. E. Hammer & Söhne

19

Übungen

1. Briefreihe II, a (→ Nr. 1 auf S. 23)

Die Firma Klein y Cía. Ltda. in San José (Costa Rica), die Elektrogeräte importiert und vertreibt, schreibt am 12. 3. an die Bauer-Radio-GmbH, 7 Stuttgart, Neckarstraße. Sie bezieht sich auf die Industrieausstellung in Caracas, die Sr. Arturo Klein Anfang März besuchte, und bittet um ein ausführliches Angebot auf der Basis cif Puerto Limón über 50 Transistorkoffer „Riviera", 50 Transistorkoffer „Atlantic" und 50 Tonbandgeräte T 350. Klein y Cía. Ltda. fragen auch an, ob ihnen die Bauer-Radio-GmbH je 250 Prospekte in spanischer Sprache zusenden könnte, da sie diese an ihre Kunden verteilen möchten. Sie sind der Ansicht, daß in Costa Rica gute Verkaufsmöglichkeiten für hochwertige deutsche Kofferradios und Tonbandgeräte bestehen.

Aufgabe: Entwerfen Sie die Anfrage von Klein y Cía. Ltda.

2. Die Firma Ribot & Co. Ltd. in Montreal (Kanada) interessiert sich für

deutsche Spielwaren und wendet sich an das Generalkonsulat der Bundesrepublik Deutschland in Montreal mit der Bitte um Firmennachweis. Dieses nennt u. a. die Hans Merk KG in Fürth (Bayern). Ribot & Co. Ltd. fordern daraufhin von dieser Firma einen Katalog an und bitten um Angabe der äußersten Exportpreise sowie der Lieferzeiten und Verkaufsbedingungen.

Aufgabe: Entwerfen Sie die Anfrage von Ribot & Co. Ltd.

3. Die Büromaschinen-Großhandelsfirma Jan de Hoog & Zoon in Amster-

dam findet in der Exportzeitschrift „Trade Channel" eine Anzeige der Krüger-Werke AG in Hannover über deren neues Kopiergerät XA 310. Sie interessiert sich für dieses Gerät und richtet daher eine Anfrage an die Herstellerfirma. Gleichzeitig erkundigt sich die holländische Firma, ob die Krüger-Werke AG bereit wären, ihr die Alleinvertretung dieses Geräts für die Niederlande zu übertragen. Als Auskunftstelle nennt sie die Amsterdam-Rotterdam Bank in Amsterdam.

Aufgabe: Entwerfen Sie die Anfrage von Jan de Hoog & Zoon.

III. Angebot

Das Angebot oder die Offerte ist die Erklärung des Anbietenden, daß er bereit ist, eine bestimmte Ware zu bestimmten Bedingungen zu liefern. Man unterscheidet zwischen verlangten Angeboten, denen eine Anfrage des Interessenten vorausgeht, und unverlangten Angeboten, die der Lieferer von sich aus abgibt, ohne daß eine Anfrage vorliegt.

Nach deutschem Recht ist ein Angebot grundsätzlich verbindlich, d. h. der Anbietende ist so lange an sein Angebot gebunden, wie er unter normalen Umständen mit dem Eingang einer Antwort rechnen kann. Wird das Angebot prompt und ohne Änderungen angenommen, muß er die angebotenen Waren zu den genannten Bedingungen liefern. Beim befristeten Angebot wird eine Frist für die Annahme des Angebots gesetzt, z. B. *gültig bis zum 15. März.* Ein freibleibendes oder unverbindliches Angebot enthält eine Klausel, durch die der Anbietende seine Bindung an das Angebot einschränkt oder ausschließt, z. B. *solange Vorrat reicht, Preisänderungen vorbehalten, ohne Verbindlichkeit.*

Ein vollständiges Angebot enthält folgende Einzelheiten:

1. Art, Beschaffenheit und Qualität der Ware
2. Liefermenge
3. Preis
4. Lieferungsbedingungen
5. Lieferzeit
6. Zahlungsbedingungen
7. Erfüllungsort und Gerichtsstand

Damit sich der Empfänger des Angebots ein Bild von der Ware machen kann, werden ihm oft Prospekte, Kataloge, Muster oder Proben zugesandt.

Viele Firmen haben feststehende Bedingungen, die als *Allgemeine Geschäftsbedingungen* auf Angebots-, Auftragsbestätigungs- und Rechnungsformularen oder auf einem besonderen Blatt abgedruckt werden. Solche Bedingungen werden oft einheitlich für einen ganzen Geschäftszweig (z. B. Maschinenbau, Textilindustrie) aufgestellt. Sie gelten jedoch nur, wenn sich Verkäufer und Käufer bei Vertragsabschluß darauf geeinigt haben.

Im Zusammenhang mit dem Angebot muß auch der Werbebrief erklärt werden. Es ist nicht immer leicht, zwischen Angebot und Werbebrief zu unterscheiden. Jedes Angebot ist gleichzeitig ein Werbebrief, der den Empfänger zu einer Bestellung veranlassen soll. Es gibt aber auch Werbebriefe, die keine Angebote sind, da sie keine oder nur unvollständige Angaben über Preise und Verkaufsbedingungen enthalten. Sie haben nur den Zweck, das Interesse des Empfängers für ein bestimmtes Erzeugnis zu wecken. Werbebriefe müssen auch nicht unbedingt sofort zu einer Bestellung führen; oft soll nur erreicht werden, daß der Empfänger Prospekte anfordert oder um ein ausführliches Angebot bittet.

Werbebriefe werden meist gleichzeitig an mehrere Empfänger gesandt. Sie können mit der Schreibmaschine geschrieben, gedruckt oder mittels anderer Verfahren vervielfältigt werden. Häufig werden ihnen illustrierte Werbedrucksachen beigefügt.

Lieferungsbedingungen

ab Werk / ab Fabrik / ab Lager
frei Waggon
fas (*free alongside ship = frei Längsseite Schiff*)
fob (*free on board = frei an Bord*)
c & f (*cost and freight = Kosten und Fracht*)
cif (*cost, insurance, freight = Kosten, Versicherung, Fracht*)
frachtfrei / Fracht bezahlt
unfrei / Fracht zu Lasten des Empfängers
frei Grenze / geliefert deutsch-französische Grenze
frei Haus
geliefert Kopenhagen verzollt
Zoll zu Lasten des Käufers

Zahlungsbedingungen

Vorauszahlung / Vorauskasse
Kasse bei Auftragserteilung
$1/3$ Anzahlung bei Auftragserteilung, $1/3$ bei Lieferung, $1/3$ innerhalb von 30 Tagen
    nach Lieferung
Zahlung bei Erhalt der Ware / netto Kasse bei Erhalt der Ware
gegen Nachnahme
30 Tage Ziel / 30 Tage netto
Zahlung innerhalb von 60 Tagen nach Rechnungsdatum

Zahlung innerhalb von 10 Tagen mit 2% Skonto oder innerhalb von 30 Tagen
  netto
gegen Dreimonatsakzept / gegen Bankakzept
Zahlung durch Akzept nur nach besonderer Vereinbarung
Kasse gegen Dokumente
Dokumente gegen Akzept
Zahlung durch unwiderrufliches und bestätigtes (unbestätigtes) Dokumenten-
  akkreditiv zu unseren Gunsten, auszahlbar bei einer Bank in München

Musterbriefe

1. Briefreihe II, b (← Nr. 1 auf S. 20, → Nr. 1 auf S. 38)

Luftpost

Klein y Cía. Ltda.
Apartado 3767

San José

Costa Rica

22. 3. 19. .

Sehr geehrte Herren!

Wir danken Ihnen für Ihre Anfrage vom 12. 3. und bieten Ihnen die von Ihnen
genannten Geräte wie folgt an:

50 Transistorkoffer „Riviera"	Preis pro Gerät US$ . . .
50 Transistorkoffer „Atlantic"	Preis pro Gerät US$ . . .
50 Tonbandgeräte T 350	Preis pro Gerät US$ . . .

Die Preise verstehen sich fob Hamburg einschließlich seemäßiger Verpackung.
Die Seefracht Hamburg–Puerto Limón und die Versicherungsspesen belaufen
sich auf US$ . . ., wobei wir uns das Recht vorbehalten, die am Tag der

Lieferung gültigen Sätze zu berechnen. Unsere Zahlungsbedingungen lauten: Eröffnung eines unwiderruflichen und von der Deutschen Bank in Stuttgart bestätigten Dokumentenakkreditivs zu unseren Gunsten. Die Lieferung kann innerhalb von 14 Tagen nach Eingang der Akkreditivbestätigung erfolgen.

Die gewünschten Prospekte in spanischer Sprache haben wir heute als Postpaket an Sie abgeschickt.

Wir freuen uns, daß Sie die Absatzmöglichkeiten für unsere Erzeugnisse in Costa Rica günstig beurteilen, und hoffen, Ihre Bestellung bald zu erhalten.

Mit freundlichen Grüßen

Bauer-Radio-GmbH

---

2. Briefreihe IV, a (→ Nr. 2 auf S. 38)

Dupont & Cie. S. A.
avenue du Général Leclerq

F-93 Pantin

Frankreich

12. 8. 19..

Betreff
Angebot

Sehr geehrte Herren,

wir beziehen uns auf den Besuch von M. Gontard in unserem Werk und bieten an:

1 programmgesteuerte Fräsmaschine, Typ X-312,
für 3 Programme zum Preis von DM . . . a. W.[1]

Für Verpackung berechnen wir DM ... extra. Die Lieferzeit beträgt 4 Monate. Zahlungsbedingungen: ¹/₃ bei Auftragserteilung, ¹/₃ bei Lieferung und ¹/₃ innerhalb von 30 Tagen nach Lieferung. Nach unseren Garantiebedingungen werden alle innerhalb eines Jahres auftretenden Mängel, die auf Material- oder Arbeitsfehler zurückzuführen sind, kostenlos beseitigt. Im übrigen gelten die „Allgemeinen Lieferbedingungen für den Export von Maschinen und Anlagen", von denen wir ein Exemplar beifügen. An dieses Angebot halten wir uns bis zum 12. 9. gebunden.

Wie wir bereits M. Gontard mitgeteilt haben, stellen wir Ihnen für die Aufstellung und Inbetriebnahme der Maschine gerne unsere Fachleute zur Verfügung.

Mit freundlichen Grüßen

Maschinenfabrik Neumann AG

Anlage
Allgemeine Lieferbedingungen

---

¹ ab Werk

3. Exportangebot (Projektoren)

Sehr geehrte Herren!

Wir danken Ihnen für Ihr Schreiben vom 10. 2. und freuen uns, daß Sie sich für unsere Projektionsapparate interessieren.

Als Drucksache senden wir Ihnen Prospektmaterial über alle Geräte, die wir zur Zeit liefern. Die Prospekte enthalten Abbildungen und Beschreibungen sowie die Maße und Gewichte der einzelnen Geräte.

Die Preise sind in der beiliegenden Exportpreisliste enthalten. Sie verstehen sich fob deutscher Hafen oder Flughafen, einschließlich Verpackung. Preisänderungen behalten wir uns vor.

Unsere Zahlungsbedingungen lauten: Bei Erstaufträgen Eröffnung eines unwiderruflichen Akkreditivs zu unseren Gunsten, auszahlbar bei der Dresdner Bank in München; bei Nachbestellungen und Angabe von Referenzen Kasse gegen Dokumente durch eine Bank an Ihrem Wohnort.

Gegenwärtig benötigen wir für alle unsere Geräte eine Lieferzeit von 6–8 Wochen.

Mit Auskünften über Verschiffungsmöglichkeiten, Frachtsätzen usw. sowie mit Proformarechnungen zur Einholung von Importlizenzen stehen wir Ihnen auf Wunsch gerne zur Verfügung.

Wir sind seit 1950 auf die Herstellung von Projektoren spezialisiert. Unsere Geräte werden im In- und Ausland wegen ihrer Präzision und Zuverlässigkeit sehr geschätzt.

Wir hoffen, bald einen Probeauftrag von Ihnen zu erhalten, den wir prompt und sorgfältig erledigen werden.

Mit freundlichen Grüßen

Anlage
Exportpreisliste

---

4. Exportangebot (Spielwaren)

MÄRKLIN

GEBR. MÄRKLIN & CIE. GMBH · GÖPPINGEN (WÜRTT.) · FABRIK FEINER METALLSPIELWAREN

Springli & Co.
Hauptstraße 5

CH-8640 Rapperswil

S c h w e i z

Ihre Zeichen	Ihre Nachricht vom	Unsere Zeichen	732 Göppingen
		U/Ko	21. 11. 19..

Sehr geehrte Herren!

Von Schweizer Geschäftsfreunden wurden wir darauf aufmerksam gemacht, daß Sie daran interessiert wären, unsere MÄRKLIN-Modell-
eisenbahnen und die neue Autorennbahn SPRINT in Ihr Verkaufssor-
timent aufzunehmen.

Wir sind gerne bereit, Sie mit unseren Erzeugnissen zu beliefern,
und senden Ihnen deshalb zu Ihrer Information separat per Drucksache unseren neuesten Katalog.

Die im Katalog verzeichneten sfr-Preise stellen unsere z. Z. in
der Schweiz gültigen Verkaufspreise dar, auf die Sie ... % Rabatt
erhalten. Postsendungen erfolgen ab Fabrik, Bahnsendungen dagegen
frei deutsche Grenze, wobei die Verpackung zu Selbstkosten in
Rechnung gestellt wird.

Für Zahlung innerhalb 30 Tagen ab Rechnungsdatum gewähren wir 2 %
Skonto. Alle Überweisungen können auf unser Konto Nr. 424 520 beim
Schweizerischen Bankverein, Basel, vorgenommen werden.

Im allgemeinen kann die Lieferung innerhalb 2 bis 3 Wochen nach
Erhalt der Aufträge erfolgen.

Wir würden uns freuen, mit Ihnen in Geschäftsverbindung zu kommen,
und sind davon überzeugt, daß Sie in Ihrem Spielwarengeschäft unsere Erzeugnisse mit gutem Erfolg verkaufen können. Ihr erster
Auftrag wird Ihnen auch zeigen, daß wir bemüht sind, alle Liefer-
wünsche mit größter Sorgfalt zu erfüllen.

Mit freundlichen Grüßen

GEBR. MÄRKLIN & CIE. GmbH

ppa Ulbrich. A. Neumann

Postfach 848/280   Ruf (07 161) * 7 72 51   1/30690 Deutsche Bank AG Göppingen   1250 Gebr. Martin Bank Göppingen   565/84 Landeszentralbank Göppingen
Telegramm MÄRKLIN   Telex 07 27 784   2601 Dresdner Bank AG Göppingen   23 Kreissparkasse Göppingen   Postscheckkonto Stuttgart 1141

5. Werbebrief

**MODELLKLEIDUNG
RALPH LOUISODER**

Firma
F ü r n k r a n z
Bekleidungshaus

A - 1100   W i e n
Favoritenstr. 88 - 90
Österreich

Ihre Nachricht	Diesen Brief schreibt Ihnen:	8000 MÜNCHEN 23
	Herr Ralph	Leopoldstraße 234.
		Postfach 64
		4.9.19..

Sehr geehrte Herren,

soeben schickt sich eine faszinierende Herbstmode an, ihr glanzvolles
Debut zu geben - chic, apart und jung. Typisch für sie sind eine aus-
gewogene Schnittführung und die geschmackssichere Auswahl einer Fülle
nicht alltäglicher, erlesener Stoffe. Eine Mode also delikatester Prä-
gung mit viel Liebe zum Detail, für verwöhnte Ansprüche geschaffen.

Die imposante Fülle des textilen Angebots macht es der Kundin freilich
nicht immer leicht, ihren ganz persönlichen Stil zu finden und die
Accessoires harmonisch aufeinander abzustimmen. Aber Mode ist nun einmal die perfekte Einheit von Kleidung, Accessoires, Stoffen, Farben
und Make-up. Aus dieser Erkenntnis heraus haben sich in diesem Herbst
erstmals bekannte Firmen - RALPH, SALAMANDER, AIGVA und REVLON - zu einem
modischen Bund zusammengeschlossen, um aus einem reichen Angebot eine
delikate Auswahl zu treffen. Das Ergebnis dieser sorgfältigen Bemühungen:
der RALPH-FASHION-GUIDE, der künftig die anspruchsvolle Kundin beim Ein-
kaufsbummel begleiten soll und der mit der beste Beweis dafür.ist: Mode
ist keineswegs eine Frage des Geldbeutels, wohl aber eine der geschickten
Auswahl und Abstimmung der Accessoires.

Blatt 2

| Bankkonto: Hypobank München, Konto Nr. M-Schbg. 7101 | Telegramm | Telex | Telefon |
| Postscheckkonto: München Nr 507 13 | RALPHMODELL | 05 22159 | 0811/3 67 91 |

MODELLKLEIDUNG RALPH LOUISODER   Blatt 2   zum Schreiben vom 4.9.19..

Ich wählte mit höchster Sorgfalt modische Attribute bekannter Marken
aus, raffiniert aufeinander abgestimmt und selbst noch die richtige
Nuance des Make-up berücksichtigend.

Eine modische Richtschnur also – das soll der RALPH-FASHION-GUIDE
sein, und ich bin sicher, daß er der verwöhnten Dame ein unentbehr-
licher Ratgeber bei der Zusammenstellung ihrer Herbstgarderobe werden wird.

Der neue FASHION-GUIDE liegt zu Ihrer Information bei.
Sollten Sie noch weitere Exemplare des FASHION-GUIDE wünschen, so
schreiben Sie bitte an Firma RALPH-Modellkleidung, 8000 München 23,
Leopoldstr. 234.

Mit freundlichen Grüßen

Ralph

Übungen

1. Briefreihe I,c (← Nr. 1 auf S. 17, → Nr. 2 auf S. 33)

Die Cora S.p.A. unterbreitet Hartmann & Co. am 5. 9. ein Angebot folgenden Inhalts:

Wollstoffe, das Stück[1] zu ca. 50 m, Breite 145 cm

Nr. 64352	Gewicht je lfd. m[2]	450 g	Preis je m	Lit . . .
„ 62667	„ „ „ „	420 g	„ „ „	Lit . . .
„ 60322	„ „ „ „	390 g	„ „ „	Lit . . .
„ 56144	„ „ „ „	375 g	„ „ „	Lit . . .
„ 53211	„ „ „ „	350 g	„ „ „	Lit . . .

Muster dieser Stoffe in verschiedenen Farben gehen Hartmann & Co. mit gleicher Post zu. Die Preise verstehen sich frei deutsche Grenze einschließlich Verpackung. Lieferzeit: 2–3 Monate. Lieferung mit LKW[3] durch den Spediteur der italienischen Firma. Zahlung: Innerhalb 10 Tagen nach Erhalt der Ware mit $3^1/_2\%$ Skonto, innerhalb 30 Tagen mit 2% oder innerhalb 60 Tagen netto. Die Cora S.p.A. weist darauf hin, daß sie ihre äußersten Preise angegeben hat.

Aufgabe: Entwerfen Sie das Angebot der Cora S.p.A.

[1] die normale Länge eines fertigen Gewebes
[2] je laufender Meter = je Meter am Stück
[3] Lastkraftwagen

2. Briefreihe III,a (→ Nr. 3 auf S. 34)

Die Kaffee-Exportfirma Massoud & Co., Ltd. in Mombasa (Kenia) sendet am 15. 11. ihren deutschen Geschäftsfreunden, Holtmann & Co. in Bremen, folgendes Angebot:

Stocklot[1] Nr. 5330,	50	Sack	Kenia	AA . . .	p je 50 kg
„ „ 5331,	80	„	„	PB . . .	p „ „ „
„ „ 5332,	120	„	„	TT . . .	p „ „ „
„ „ 5333,	50	„	„	B . . .	p „ „ „
„ „ 5334,	100	„	„	A . . .	p „ „ „
„ „ 5335,	150	„	„	PB . . .	p „ „ „

Die Preise verstehen sich c & f Bremen. Verladung im Dezember. Zahlung: Kasse gegen Dokumente bei Ankunft des Dampfers.

Die Firma Massoud & Co., Ltd. bittet Holtmann & Co. mitzuteilen, für welche Stocklots sie sich interessieren; sie wird ihnen dann sofort Muster per Luftpost zusenden.

Aufgabe: Entwerfen Sie das Angebot von Massoud & Co., Ltd.

[1] *englisch für* Partie (=bestimmte Warenmenge)

3. Die Firma Perreira Ca. Lda. in Lissabon hat von der Hanseatischen Import-GmbH in Hamburg eine Anfrage wegen Ölsardinen erhalten und unterbreitet folgendes Angebot:

Portugiesische Sardinen in reinem Olivenöl, ohne Haut und Gräten, in Dosen mit einem Nettoinhalt von 125 g, zum Preise von ... per 1000 Dosen cif Hamburg. Zahlung durch unwiderrufliches Akkreditiv, zahlbar bei einer Bank in Lissabon. Bei weiteren Geschäften ist die portugiesische Firma bereit, günstigere Zahlungsbedingungen zu gewähren. Lieferzeit: 1–3 Wochen, je nach Größe des Auftrags. Erfüllungsort und Gerichtsstand ist Lissabon. Das Angebot ist 4 Wochen gültig.

Aufgabe: Entwerfen Sie das Angebot von Perreira Ca. Lda.

4. Die Firma González Hermanos in Cuernavaca (Mexiko) möchte Bienenhonig nach Deutschland ausführen und sendet folgendes Angebot an Grosser & Söhne, eine Importfirma in Bremen, die der mexikanischen Firma von der Deutschen Botschaft in Mexico, D.F., genannt wurde:

50 000 kg mexikanischer Bienenschleuderhonig, Ernte 19.., erste Qualität, in Eisenfässern mit einem Nettoinhalt von ca. 300 kg. Preis: US$ ... per 100 kg netto fob Veracruz. Zahlung: Kasse gegen Dokumente. Zwischenverkauf vorbehalten.

Aufgabe: Entwerfen Sie das Angebot von González Hermanos. Da es sich um ein unverlangtes Angebot handelt, sollte die mexikanische Firma auch einige Verkaufsargumente anführen, um den deutschen Importeur zur Bestellung zu veranlassen.

5. Entwerfen Sie ein Werbeschreiben für ein Produkt Ihres Landes, das auf dem deutschen Markt eingeführt werden soll.

IV. Bestellung

Die Bestellung oder der Auftrag ist die Anweisung des Käufers an den Verkäufer, eine bestimmte Ware zu liefern. Die Bestellung kann auf Grund eines Angebots oder ohne vorhergehendes Angebot erteilt werden.

Wird durch die Bestellung ein bindendes Angebot rechtzeitig und ohne Änderungen angenommen, so kommt nach deutschem Recht dadurch der Kaufvertrag zustande. Eine Bestellung, die zu spät erfolgt oder von den Bedingungen des Angebots abweicht, führt nur dann zu einem Vertrag, wenn sie vom Lieferer angenommen wird. Das gleiche gilt für Bestellungen auf Grund eines freibleibenden Angebots oder für Bestellungen ohne vorhergehendes Angebot. Rechtlich gesehen ist die Bestellung daher entweder Annahme eines vom Verkäufer gemachten Vertragsangebots durch den Käufer oder ein Vertragsangebot bzw. Gegenangebot des Käufers, das der Verkäufer annehmen oder ablehnen kann.

Manchmal wird der Besteller durch bestimmte Umstände gezwungen, seine Bestellung zu widerrufen. Nach deutschem Recht muß der Widerruf spätestens gleichzeitig mit der Bestellung eintreffen. Trifft er später ein, ist die Zurücknahme der Bestellung nur mit Zustimmung des Lieferers möglich. Es ist daher üblich, briefliche Bestellungen telegrafisch zu widerrufen.

Wenn ein Kaufmann von einem Angebot keinen Gebrauch machen kann, sollte er dies dem Anbietenden in einem höflichen Schreiben mitteilen.

Musterbriefe

1. Übersendung einer Bestellung

Sehr geehrter Herr Wehrli,

ich nehme Bezug auf unser heutiges Telefongespräch und sende Ihnen anbei unsere Bestellung Nr. 7881. Wie Sie mir mitteilten, sind die darin aufgeführten Artikel sofort lieferbar.

Ich bin überzeugt, daß Sie diesen Auftrag mit der gewohnten Sorgfalt ausführen werden.

Mit freundlichen Grüßen

Anlage

---

2. Briefreihe I, d (← Nr. 1 auf S. 30, → Nr. 1 auf S. 46)

Hartmann & Co. vergleichen das Angebot der Cora S.p.A. mit den anderen aus Italien eingegangenen Angeboten und senden dann dieser Firma folgende Bestellung:

Cora S.p.A.

I-13051 Biella

Piazza Vecchia 29

Italien

11. 9. 19..

Betreff
Bestellung Nr. 83/3421

Sehr geehrte Herren!

Wir danken Ihnen für Ihr Angebot vom 5. 9. und bestellen auf Grund der uns vorliegenden Muster:

15 Stück Nr.			64352	sandbeige	Preis je m	Lit . . .
15	,,	,,	62667	bordeauxrot	,,	,, ,,	Lit . . .
10	,,	,,	56144	gletscherblau	,,	,, ,,	Lit . . .
10	,,	,,	53211	resedagrün	,,	,, ,,	Lit . . .

Frei deutsche Grenze einschließlich Verpackung.

Lieferzeit: 2–3 Monate.
Zahlungsbedingungen: 10 Tage $3^1/_2$%, 30 Tage 2% oder 60 Tage netto.

Die Ware ist an unsere Spedition, die Firma Laderinnung, Gutleben & Weidert Nachf., 8 München 12, Landsberger Straße 45, zu liefern.

Mit freundlichen Grüßen

Hartmann & Co.

---

3. Briefreihe III, b (← Nr. 2 auf S. 30, → Nr. 2 auf S. 47)

Auf Grund des Angebots von Massoud & Co., Ltd. fordern Holtmann & Co. verschiedene Muster an. Nachdem sie diese erhalten und geprüft haben, senden sie Massoud & Co., Ltd. am 24.11. folgendes Fernschreiben:

Nummer und Name des anrufenden Teilnehmers

378241 holtm

Vermittlungsstelle (Hamburg)

telex hmb

bitte mombasa kenia, ostafrika

Kennwort des Empfängers

telexnr. 20377 (sunshine)

Moment bitte

* mom bitte

* telex hmb

* 24. nov. 15.45

* sunshine

378241 holtm d

wir danken fuer ihr angebot vom 15.11. mit mustern und

kontrahieren[1]:

nr. 5330   50 sack kenia aa   ...p   je 50 kg

nr. 5333   50 sack kenia b   ...p   je 50 kg

nr. 5334   100 sack kenia a   ...p   je 50 kg

c f bremen

verladung im dezember

kasse gegen dokumente bei ankunft des dampfers

mit freundlichen Grüßen

mfg

378241 holtm d

* sunshine

Die mit * gekennzeichneten Mitteilungen der Vermittlungsstelle und des Empfängers werden vom Fernschreiber rot gedruckt.

[1] kontrahieren = einen Vertrag schließen; *hier*: bestellen

4. Briefreihe V, a (→ Nr. 3 auf S. 47)

Die Günther Friedrich KG, ein Einrichtungshaus in Frankfurt/Main, sendet folgende Bestellung an die Möbelfabrik Peter Petersen A/S, Viborg (Dänemark), deren Erzeugnisse schon seit längerer Zeit zu ihrem Sortiment gehören:

GÜNTHER FRIEDRICH KG

Frankfurt/Main

Bestellung Nr. 4679

Peter Petersen A/S

Viborg

Dänemark

Frankfurt/Main, den 10. 5. 19..
Mainzer Landstr. 112

Comm.:[1]	A. Lehmann
Zahlung:	30 Tage netto
Lieferung:	so bald wie möglich
Versandart:	mit der Bahn

Menge	Gegenstand	Preis je Einheit	Gesamtpreis
2	Tische Nr. 234, Eiche geräuchert	dkr ...	dkr ...
8	Stühle Nr. 236, Eiche geräuchert, schwarze Ledersitze	dkr ...	dkr ...
			dkr ...

frei deutsche Grenze
einschließlich Verpackung

Günther Friedrich KG

---

[1] Commission = (Kunden-) Auftrag

35

5. Probeauftrag

1860 1960
100 Jahre

J. E. Hammer & Söhne · 7530 Pforzheim/Germany · Postfach 751

J. E. Hammer & Söhne

Goldwarenfabrik

Tachibana Pearl Co. Ltd.
19 Arata-machi, 4 chome,
Showa-ku

N a g o y a

J a p a n

PFORZHEIM
Hohenzollernstraße 79
Postfach 751
Telefon 23282

Postscheck-Konto: Karlsruhe 24848
Volksbank Pforzheim Konto 18612

Ihr Zeichen	Ihre Nachricht vom	Unser Zeichen	
		FH/CH	7530 Pforzheim, den 19. 11. 19..

Sehr geehrte Herren!

Wir danken Ihnen für Ihr Schreiben vom 7. d. M. und die uns zu-
gesandten Muster.

Unter der Voraussetzung, daß Sie den Mustern entsprechende Qualität liefern, erteilen wir Ihnen folgenden Probeauftrag:

30 Momme	3/4	4,0 – 4,5 mm	US$	4.00	US$	120.00
5 "	3/4	4,5 – 5,0 "	"	3.40	"	17.00
15 "	3/4	5,0 – 5,5 "	"	4.00	"	60.00
15 "	3/4	5,5 – 6,0 "	"	4.00	"	60.00
15 "	3/4	6,0 – 6,5 "	"	6.00	"	90.00
15 "	3/4	7,0 – 7,5 "	"	9.00	"	135.00
					US$	482.00

Die Sendung soll so bald wie möglich per Luftpost geliefert werden. Bitte senden Sie uns umgehend Ihre Proforma-Rechnung, damit
wir unsere Bank beauftragen können, ein unwiderrufliches Akkreditiv zu Ihren Gunsten zu eröffnen.

Wir hoffen, daß wir mit Ihnen zu einer angenehmen Geschäftsverbindung kommen werden. Wenn Ihre erste Probelieferung zu unserer
Zufriedenheit ausfällt, können Sie mit größeren Nachbestellungen
rechnen.

Mit freundlichen Grüßen

J. E. Hammer & Söhne

d. M. = dieses Monats
die Momme = Gewichtseinheit bei Perlen

6. Gegenangebot des Käufers

Sehr geehrte Herren!

Besten Dank für Ihr Angebot und das uns überlassene Muster des Artikels 8831/44.

Mit der Qualität des Materials sind wir zufrieden, der Preis scheint uns aber etwas hoch zu sein. Von einem anderen Lieferanten in Italien wurde uns eine ähnliche Qualität zu DM 15,-- pro Meter angeboten. Wenn Sie uns den gleichen Preis machen könnten, wären wir gerne bereit, 30 Stück zu bestellen.

Es würde uns freuen, wenn es Ihnen möglich wäre, unseren Vorschlag anzunehmen.

Mit freundlichen Grüßen

---

7. Teilweiser Widerruf einer Bestellung

Unser Auftrag Nr. 6/2204 vom 14. 12. 19. .

Sehr geehrte Herren,

heute morgen drahteten wir Ihnen wie folgt:

BETREFF AUFTRAG 6/2204 COLORIT 1161 UND 5911
BITTE STREICHEN

Bei einem Vergleich des obengenannten Auftrags mit unserer Order 6/2187 vom 16. 11. stellten wir fest, daß die Stücke Colorit 1161 und Colorit 5911 versehentlich zweimal bestellt wurden. Wir bitten Sie daher, diese Artikel in dem im Betreff genannten Auftrag zu streichen.

Mit freundlichen Grüßen

---

8. Ablehnung eines Angebots

Sehr geehrter Herr van Straten!

Wir danken Ihnen für Ihr Angebot vom 12. 8. Da wir z. Z. noch größere Lagerbestände haben, können wir leider davon keinen Gebrauch machen. Sobald wir wieder Bedarf an Gemüsekonserven haben, werden wir Ihnen dies mitteilen.

Mit freundlichen Grüßen

Übungen

1. Briefreihe II,c (← Nr. 1 auf S. 23, → Nr. 2 auf S. 41)

Klein y Cía. Ltda. sind mit den im Angebot der Bauer-Radio-GmbH genannten Preisen und Bedingungen einverstanden und schreiben am 30. 3. ihre Bestellung heraus. Sie machen die Lieferfirma darauf aufmerksam, daß die Verpackung zwar widerstandsfähig, aber möglichst leicht sein soll, da der Einfuhrzoll auf Grund des Bruttogewichts festgesetzt wird. Die Packstücke sind wie folgt zu beschriften:

K y Cía

1 – . . .

Puerto Limón

Costa Rica

Sobald Klein y Cía. Ltda. die Auftragsbestätigung mit den endgültigen cif-Spesen erhalten, werden sie ihrer Bank den Auftrag zur Eröffnung des Akkreditivs erteilen.

Aufgabe: Entwerfen Sie die Bestellung der Firma Klein y Cía. Ltda.

2. Briefreihe IV,b (← Nr. 2 auf S. 24, → Nr. 3 auf S. 42)

Dupont & Cie. S.A. prüfen das Angebot der Maschinenfabrik Neumann AG, Nürnberg, und erteilen dieser Firma am 18. 8. ihren Auftrag. Sie erwähnen darin, daß sie ihre Bank angewiesen haben, die erbetene Anzahlung in Höhe von DM ... auf das Konto der Maschinenfabrik Neumann AG bei der Deutschen Bank in Nürnberg zu überweisen. Außerdem bitten Dupont & Cie. S. A. die Lieferfirma um Mitteilung, sobald die Maschine versandbereit ist.

Aufgabe: Entwerfen Sie das Auftragsschreiben von Dupont & Cie. S. A.

3. Briefreihe VI, a (→ Nr. 4 auf S. 43)

The German Bookstore, Inc., eine Buchhandlung in Tokio, erteilt am 26. 1. dem Max Hueber Verlag in München, von dem sie schon wiederholt Bücher bezogen hat, folgende Bestellung:

Nr.	Anzahl	Autor und Titel	Einzelpreis	Gesamtpreis
1.1006	200	Schulz, Dora/Griesbach, Heinz Deutsche Sprachlehre für Ausländer, Grundstufe	DM ...	DM ...
1.1010	200	Schulz, Dora/Griesbach, Heinz Deutsche Sprachlehre für Ausländer, Mittelstufe	DM ...	DM ...
1.1011	100	Schulz, Dora/Griesbach, Heinz Grammatik der deutschen Sprache	DM ...	DM ...

Lieferungs- und Zahlungsbedingungen wie üblich. Da es sich um Lehrbücher handelt, bittet The German Bookstore, Inc. den Max Hueber Verlag, die bestellten Bücher so bald wie möglich per Luftfracht zu versenden.

Aufgabe: Entwerfen Sie die Bestellung der japanischen Buchhandlung.

V. Auftragsbestätigung

Es ist üblich, daß der Lieferer nach Eingang einer Bestellung dem Besteller eine Auftragsbestätigung sendet.

Falls der Kaufvertrag bereits durch die Bestellung geschlossen wurde, hat die Auftragsbestätigung vor allem den Zweck, dem Kunden für seinen Auftrag zu danken. Bei Bestellungen, die ein Vertragsangebot oder Gegenangebot des Käufers darstellen, ist die Auftragsbestätigung die förmliche Annahme der Bestellung durch den Verkäufer, die zum Abschluß des Vertrages führt. Um Mißverständnisse auszuschließen, werden meist die wichtigsten Einzelheiten der Bestellung in der Auftragsbestätigung wiederholt. Bei sofortiger Lieferung der bestellten Ware verbindet man die Auftragsbestätigung mit einer Versandanzeige.

Bei Bestellungen, die Vertragsangebote oder Gegenangebote des Käufers sind, kann es vorkommen, daß die bestellte Ware nicht lieferbar ist, oder daß der Lieferer die vom Besteller genannten Bedingungen nicht annehmen kann. In solchen Fällen ist der Lieferer gezwungen, die Bestellung abzulehnen. Wenn möglich, wird er gleichzeitig ein Gegenangebot machen, d. h. er wird andere Waren als Ersatz anbieten oder seine eigenen Bedingungen vorschlagen. Hier muß dann der Käufer entscheiden, ob er das Gegenangebot des Verkäufers annehmen kann oder nicht.

Musterbriefe

1. Kurze Auftragsbestätigung

Sehr geehrte Herren!

Herzlichen Dank für Ihre Bestellung vom 3. 2. Die Belichtungsmesser können bis spätestens Ende der nächsten Woche geliefert werden.

Wir werden uns bemühen, Ihren Auftrag zu Ihrer vollen Zufriedenheit zu erledigen.

Mit freundlichen Grüßen

Luftpost

Klein y Cía. Ltda.
Apartado 3767

San José

Costa Rica

8. 4. 19..

Betreff
Auftragsbestätigung

Sehr geehrte Herren!

Besten Dank für Ihre Bestellung vom 30. 3., die wir wie folgt notiert haben:

50 Transistorkoffer „Riviera"	US$ ... pro Gerät	US$ ...
50 Transistorkoffer „Atlantic"	US$ ... „ „	US$ ...
50 Tonbandgeräte T 350	US$ ... „ „	US$ ...
		US$ ... fob Hamburg
	+ Seefracht	US$ ...
	+ Versicherung	US$ ...
		US$ ... cif Puerto Limón

Zahlungsbedingungen: Unwiderrufliches und bestätigtes Dokumentenakkreditiv.

Versand: Innerhalb von 14 Tagen nach Eingang der Akkreditivbestätigung.

Die Verpackung der Geräte erfolgt in seemäßigen Panzerkartons[1], die mit bituminiertem[2] Klebeband verschlossen und durch Stahlbänder gesichert sind. Diese Verpackungsart ist leichter als Holzkisten, bietet aber die gleiche Festigkeit.

Sie können versichert sein, daß wir den uns erteilten Auftrag mit größter Sorgfalt ausführen werden.

Mit freundlichen Grüßen
Bauer-Radio-GmbH

---

[1] stabile Versandbehälter aus Pappe   [2] bituminiert = mit Bitumen wasserdicht gemacht

3. Briefreihe IV, c (←Nr. 2 auf S. 38, → Nr. 1 auf S. 65)

Dupont & Cie. S. A.
avenue du Général Leclerq

F-93 Pantin

Frankreich

22. 8. 19. .

Betreff
Auftragsbestätigung

Sehr geehrte Herren,

wir bestätigen Ihren Auftrag vom 18. 8. auf Lieferung einer programmgesteuerten Fräsmaschine, Typ X-312, für 3 Programme und danken Ihnen für Ihre Anzahlung in Höhe von DM . . .

Die Lieferung der Maschine erfolgt, wie vereinbart, innerhalb von 4 Monaten. Der noch verbleibende Restbetrag von DM . . . ist je zur Hälfte bei Lieferung und innerhalb von 30 Tagen nach Lieferung zu zahlen. Die übrigen Bedingungen des Vertrags bitten wir Sie, unserem Angebot vom 12. 8. und den „Allgemeinen Lieferbedingungen für den Export von Maschinen und Anlagen", von denen Sie bereits ein Exemplar erhalten haben, zu entnehmen.

Wir danken Ihnen für das in uns gesetzte Vertrauen und versichern Ihnen, daß wir Ihre Anweisungen genauestens beachten werden. Sobald die Maschine versandbereit ist, werden wir Ihnen dies mitteilen.

Mit freundlichen Grüßen
Maschinenfabrik Neumann AG

MAX HUEBER VERLAG   8000 MÜNCHEN 13   POSTFACH 680

The German Bookstore, Inc.
114 Nakano-cho, Setagaya-ku

T o k y o

J a p a n

8 MÜNCHEN 13
AMALIENSTRASSE 77-79
TELEFON 294668
3. Februar 19..

Sehr geehrte Herren!

Verbindlichen Dank für Ihren Auftrag vom 26. 1. 19..

Die bestellten Bücher sind heute mit der Lufthansa als Luft-
frachtgut an Ihre Anschrift versandt worden. Sie sind in fünf
Kartons verpackt, die folgende Beschriftung tragen:

The German Bookstore, Inc.
1 – 5
Tokyo
Japan

Unserem Schreiben legen wir Rechnung Nr. 3637 vom 3. 2. 19..,
dreifach, und Packliste Nr. 838 bei. Der Luftfrachtbrief trägt
die Nummer 003 451.

Wir wünschen guten Empfang der Ware und begrüßen Sie

hochachtungsvoll

MAX HUEBER VERLAG

Anlagen
Rechnung Nr. 3637, dreifach
Packliste Nr. 838

5. Auftragsbestätigungsformular

SÜD - CHEMIE A.G.

HAUPTVERWALTUNG: MÜNCHEN, LENBACHPLATZ 6

• SÜD-CHEMIE AG · 8000 MÜNCHEN 3 · POSTFACH 210 •

München, den 22. Febr. 19..

Sundström AB
Vasagatan 312

Stockholm

S c h w e d e n

AUFTRAGSBESTÄTIGUNG

U. AUFTRAGS-NR. 061/270/E

Wir danken bestens für Ihren Auftrag, den wir zu den
umseitigen Verkaufs- und Lieferbedingungen bestätigen.

•

Ihre Bestellung Nr.:	68-16 A vom 1. 2. 19..
Ab unserem Werk:	Moosburg
Versandanschrift:	Ihre Anschrift
Empfangsstation:	Stockholm/Schweden
Frachtfrei/	Station Stockholm, gemäß Incoterms 1953

LKW/Waggon

Liefertermin: 15. 3. 19..

Vertreter			Kunden Nr.	Vertreter Nr.
Ø Fa. Müller, Hamburg (Ref. S/2531)				
Bestellte Menge kg	WARENBEZEICHNUNG UND VERPACKUNG	Art. Nr.	Preis per 100 kg DM skr	

25 000	TON getrocknet und gemahlen	-,--	
	einschließlich Verpackung in 10,00 mehrfachen Papier-säcken à 25 kg		
	Markierung: 68 - 16 A		
	Der Preis basiert auf der z. Z. gültigen Bahnfracht.		

Zahlbar: 30 Tage nach Rechnungserhalt
ohne Abzug.

SÜD - CHEMIE A.G.

1

Fernruf   Telex   Drahtwort   Postscheck   B a n k e n : H. Aufhäuser, München 330.000 · Bayerische Hypotheken- und Wechselbank München 402 9976
(0811)   06/23 872   suedchemie   München   Bayer. Vereinsbank München 207 137 · Commerzbank München 2142008/00 · Landeszentralbank München 6/822.
55 84 21   14 57   Deutsche Bank München 20/39295   Dresdner Bank München 221 261 · Delbrück Schickler & Co., Hamburg 7239

Vordruck urheberrechtlich geschützt

44

6. Detaillierte Auftragsbestätigung

Auftragsbestätigung Nr. A/36658

Sehr geehrte Herren!

Wir danken Ihnen verbindlichst für Ihren Auftrag vom 29. 9., den wir wie folgt notiert haben:

> 1 Stereoauswertegerät D-8 für die Herstellung
> von Karten aus Luftaufnahmen,
> Bestell-Nr. 7633   US$ . . .
>
> 1 Satz Auswertezubehör, Bestell-Nr. 63221   US$ . . .

Preise: Die genannten Preise verstehen sich cif New York, unverzollt. Bei der Umrechnung in US$ wurde der gegenwärtige Wechselkurs von US $ 1.00 = DM . .,. . zugrunde gelegt. Für den Fall von Kursschwankungen behalten wir uns die Anpassung unserer Preise vor.

Zahlung: Eröffnung eines unwiderruflichen Akkreditivs zu unseren Gunsten bei der Commerzbank, Filiale Braunschweig, zahlbar gegen Vorlage der Versanddokumente.

Versand: Innerhalb von 8 Monaten nach Klärung aller technischen Einzelheiten. Voraussetzung für die Einhaltung dieser Frist ist die rechtzeitige Eröffnung des Akkreditivs.

Verpackung: Die genannten Preise schließen seemäßige Verpackung in Spezialbehältern ein.

Verkaufsbedingungen: Dieser Auftrag unterliegt den beigefügten Allgemeinen Verkaufsbedingungen. Davon abweichende Vereinbarungen bedürfen unserer schriftlichen Bestätigung.

Mit freundlichen Grüßen

Anlage
Allgemeine Verkaufsbedingungen

7. Gegenangebot des Verkäufers

Sehr geehrte Herren,

wir bestätigen den Empfang Ihres Schreibens vom 22. d. M. und danken Ihnen verbindlichst für Ihren Auftrag Nr. 6362.

Leider müssen wir Ihnen jedoch mitteilen, daß die von Ihnen genannten Preise teilweise nicht mehr gültig sind. Wie Sie vielleicht wissen, ist der Silberpreis in der letzten Zeit um mehr als 40% angestiegen. Da nun auch die Löhne und Gehälter ab 1. 5. erhöht wurden, waren wir gezwungen, unsere Preise zu überprüfen. Bei 6 Positionen Ihres Auftrags konnten wir die bisherigen Preise belassen, bei den übrigen Positionen war es uns nicht möglich, die Kostenerhöhungen aufzufangen. Anbei finden Sie eine Proformarechnung in 5facher Ausfertigung mit den heute gültigen Preisen, und wir bitten Sie, den Auftrag entsprechend zu bestätigen.

Nach Eingang Ihrer Bestätigung wird die Anfertigung der Ware etwa 6 Wochen in Anspruch nehmen. In Erwartung Ihrer baldigen Nachricht zeichnen wir

mit freundlichen Grüßen

Anlage
Proformarechnung 5fach

Übungen

1. Briefreihe I, e (← Nr. 2 auf S. 33, → Nr. 1 auf S. 57)

Am 15. 9. bestätigt die Cora S.p.A. den ihr von Hartmann & Co. erteilten Auftrag.

Aufgabe: Entwerfen Sie die Auftragsbestätigung der Cora S.p.A.

2. Briefreihe III, c (← Nr. 3 auf S. 34, → Nr. 2 auf S. 58)

Die Firma Massoud & Co., Ltd. bestätigt am 25. 11. das mit Holtmann & Co. abgeschlossene Geschäft unter der Kontrakt-Nr. 6779. In dieser Bestätigung bezieht sie sich auf ihr Angebot vom 15. 11. sowie das Fernschreiben von Holtmann & Co. vom 24. 11., wiederholt die Einzelheiten der Bestellung und führt außerdem folgende Punkte auf:

Gewichtsbasis: Abladegewicht[1]
Verpackung: in Sisalsäcken
Verschiffung: im Dezember 19.. mit D. „Zonnekerk"
Verschiffungshafen: Mombasa
Bestimmungshafen: Bremen

Arbitrage: Alle sich eventuell aus diesem Vertrag ergebenden Streitigkeiten sind, falls nichts anderes vereinbart wurde, durch Arbitrage in London zu entscheiden.

Aufgabe: Entwerfen Sie die Auftragsbestätigung von Massoud & Co., Ltd.

[1] das bei der Verladung aufs Schiff festgestellte Gewicht

3. Briefreihe V, b (← Nr. 4 auf S. 35, → Nr. 3 auf S. 58)

Die Peter Petersen A/S bestätigt am 14. 5. den ihr von der Günther Friedrich KG erteilten Auftrag. Sie teilt mit, daß die bestellten Möbel voraussichtlich in etwa 4 Wochen geliefert werden können, und bedauert, wegen der großen Zahl der vorliegenden Aufträge nicht früher liefern zu können. Wenn die Peter Petersen A/S nichts Gegenteiliges hört, nimmt sie an, daß die Günther Friedrich KG bzw. deren Kunde mit der genannten Lieferzeit einverstanden ist. Sie wird die Möbel – wie vom Käufer gewünscht – mit der Bahn liefern, wobei die Bahnfracht ab Grenze zu Lasten des Käufers geht.

Aufgabe: Entwerfen Sie die Auftragsbestätigung der Peter Petersen A/S.

VI. Versandanzeige und Rechnung

Nach Versand der Ware sendet der Lieferer seinem Kunden eine Versandanzeige, der meistens die Rechnung oder eine Rechnungskopie und – falls erforderlich – eine Packliste, d. h. eine Aufstellung der Packstücke und ihres Inhalts, beigelegt wird. (Wenn die Rechnung so rechtzeitig übersandt wird, daß sie vor der Ware beim Kunden ankommt, kann sie die Versandanzeige ersetzen. Sie wirkt aber sehr unpersönlich.) Soll der Käufer einen (nichtdokumentären[1]) Wechsel akzeptieren, so wird ihm dieser mit einer kurzen Mitteilung, der Trattenankündigung oder dem Trattenavis, übersandt. Manchmal muß der Käufer auch benachrichtigt werden, sobald die Ware fertiggestellt oder versandbereit ist.

Die Rechnung oder Faktura, die fast immer auf einem Vordruck ausgestellt wird, unterrichtet den Käufer über die Forderung des Lieferers. Im Außenhandel bezeichnet man die gewöhnliche Rechnung als Handelsrechnung oder Handelsfaktura, um sie von der Zollfaktura und der Konsulatsfaktura zu unterscheiden.

Die Handelsrechnung enthält folgende Angaben:
1. Name und Anschrift des Käufers
2. Nummer und Datum der Rechnung
3. Nummer der Bestellung oder des Auftrags
4. genaue Bezeichnung und Menge der Ware
5. Einzel- und Gesamtpreis sowie eventuelle Nebenkosten (Fracht, Versicherung usw.)
6. Art der Beförderung
7. Anzahl und Markierung der Kolli[2] (eventuell auch Maße und Gewichte)
8. Wiederholung der Zahlungsbedingungen und sonstige Angaben

Da die Handelsrechnung im Einfuhrland oft für amtliche Zwecke (z. B. die Festsetzung des Einfuhrzolls) benötigt wird, muß sie genau nach den Vorschriften des Einfuhrlandes aufgemacht[3] werden.

Eine besondere Art von Rechnung ist die Proformarechnung. Sie enthält die gleichen Angaben wie die Handelsrechnung, dient aber nur zur Information

---

[1] Ein nichtdokumentärer Wechsel ist ein Wechsel, dem keine Versanddokumente beigegeben sind (Gegenteil: der dokumentäre Wechsel oder die Dokumententratte).
[2] *Plural von* Kollo
[3] aufmachen = *hier:* ausstellen

des Importeurs bzw. der Behörden des Einfuhrlandes. In vielen Ländern benötigt der Importeur eine Proformarechnung für die Beantragung einer Einfuhrlizenz. Konsignations- und Mustersendungen müssen oft von einer Proformarechnung begleitet sein.

Verpackung

Die Verpackung soll die Ware während des Transports vor Beschädigung und Beraubung schützen. Bei Seeversand ist seemäßige Verpackung erforderlich, an deren Festigkeit besonders hohe Anforderungen gestellt werden. Andererseits sollte die Verpackung aber so leicht und raumsparend wie möglich sein, da sie sonst frachtverteuernd wirkt. (Wenn der Zoll nach dem Bruttogewicht berechnet wird, hat eine schwere Verpackung auch eine höhere Zollbelastung zur Folge.)

Bei der Verpackung von Exportgütern muß der Exporteur die Anweisungen des Käufers und die behördlichen Vorschriften des Einfuhrlandes genau befolgen. So sind z. B. in manchen Ländern Heu und Stroh als Verpackungsmittel verboten.

Die wichtigsten Versandbehälter sind:

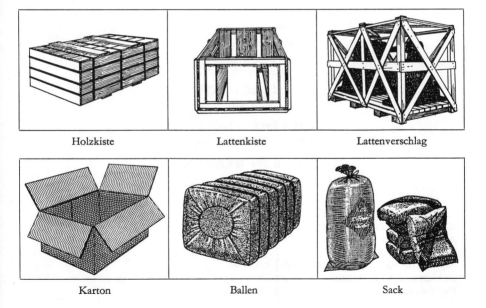

Holzkiste	Lattenkiste	Lattenverschlag
Karton	Ballen	Sack

| Trommel | Faß | Container |

Versandmarkierung

Die Markierung oder Beschriftung wird mit der Schablone auf mindestens zwei einander gegenüberliegenden Seiten jedes Packstückes angebracht. Sie ist notwendig, damit die Sendung von anderen Sendungen unterschieden und zum richtigen Bestimmungsort weitergeleitet werden kann. Auch bei der Beschriftung ist es notwendig, die Anweisungen des Käufers und die Vorschriften des Einfuhrlandes zu beachten.

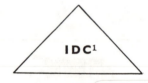

IDC[1]

3320[2]
COLOMBO[3]
1/10[4]
GROSS WT.... NET WT....[5]
DIMENSIONS.............

MADE IN GERMANY[6]

[1] Kennmarke des Empfängers
[2] Auftragsnummer
[3] Bestimmungshafen
[4] Nummer des Kollos und Gesamtzahl der Kolli
[5] Gewicht und Ausmaße (nicht immer erforderlich)
[6] Ursprungsbezeichnung (nicht immer erforderlich)

Vorsichtsmarkierungen:

Vorsicht Glas   Feuergefährlich   Vor Nässe schützen
Zerbrechlich

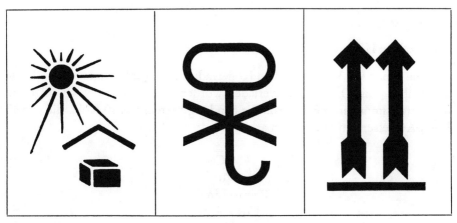

Kühl aufbewahren   Keine Haken gebrauchen   Oben

1. Briefreihe II, e (← Nr. 2 auf S. 41, → Nr. 1 auf S. 62)

Luftpost

Klein y Cía. Ltda.
Apartado 3767

San José

Costa Rica

14. 5. 19..

Betreff
Versandanzeige

Sehr geehrte Herren!

Die von Ihnen am 30. 3. bestellten Kofferradios und Tonbandgeräte sind heute in Hamburg mit D.[1] „Laura" verladen worden, der voraussichtlich am 16. 6. in Puerto Limón eintreffen wird. Die Sendung besteht aus 10 Kolli, die gemäß Ihren Anweisungen wie folgt markiert sind:

K y Cía
1–10
Puerto Limón
Costa Rica

Die Kolli 1–5 enthalten die Kofferradios, die Kolli 6–10 die Tonbandgeräte. Das Nettogewicht der einzelnen Geräte sowie das Bruttogewicht und der Inhalt eines jeden Kollos sind in der Handelsrechnung angegeben, von der wir einen Durchschlag beilegen.

Den vollständigen Satz Versanddokumente haben wir unserer Bank zur Einlösung des Akkreditivs übergeben.

Wir hoffen, daß die Sendung wohlbehalten ankommen wird, und würden uns freuen, bald weitere Aufträge von Ihnen zu erhalten.

Mit freundlichen Grüßen

Bauer-Radio-GmbH

Anlage
Rechnungsdurchschlag

---

[1] Dampfer

2. Versandanzeige

Betreff
Ihre Bestellung Nr. 8776 vom 18.3.

Sehr geehrte Herren!

Wir freuen uns, Ihnen mitteilen zu können, daß die von Ihnen bestellten Motorspritzen heute mit D. „Martha" in Rotterdam verladen wurden. Sie sind in 12 mit Stahlbändern versehenen Exportkisten verpackt. Markierung wie folgt:

$$\langle \begin{array}{c} \text{A C} \\ \text{L} \end{array} \rangle$$

8776
1–12
CALLAO

Außerdem ist, wie vorgeschrieben, auf jeder Kiste auch das Bruttogewicht angegeben. Die nachstehend aufgeführten Versanddokumente haben wir unserer Bank zur Weiterleitung an den Banco de Comercio in Lima übergeben:

1. beglaubigte Handelsrechnung
2. Konsulatsfaktura

3. voller Satz reiner, an Order lautender
   Bordkonnossemente, Notify: Aurelio Calderón,
   Lima (1 Originalkonnossement legalisiert)
4. Versicherungspolice über die Versicherung
   der Sendung von Haus zu Haus

Der Banco de Comercio wird Ihnen die Dokumente, wie vereinbart, gegen Zahlung des Rechnungsbetrages aushändigen. Eine Kopie unserer Rechnung legen wir diesem Schreiben bei.

Wir wünschen Ihnen einen guten Empfang unserer Sendung.

Mit freundlichen Grüßen

Anlage
Rechnungskopie

---

3. Versandanzeige

Sehr geehrte Herren!

Wir beziehen uns auf Ihren Auftrag Nr. 96769 vom 2. 6. und teilen Ihnen mit, daß wir die bestellten Waren, in 5 Kisten verpackt, heute unserem Spediteur übergeben haben. Die Verschiffung erfolgt mit D. „Adler", der am 27. 10. aus Hamburg auslaufen wird. Die Kisten sind wie folgt beschriftet:

96769
1–5
AUCKLAND N. Z.

In der Anlage senden wir Ihnen eine Kopie unserer Rechnung, über deren Betrag wir auf Sie per 90 Tage Sicht gezogen haben. Den Wechsel und die Versanddokumente, einschließlich Zollfaktura 3fach, haben wir unserer Bank, der Dresdner Bank in Hannover, übergeben und diese angewiesen, die Aushändigung der Dokumente an Sie nach Akzeptierung unserer Tratte zu veranlassen.

Wir hoffen, daß die Sendung zu Ihrer vollen Zufriedenheit ausfällt und daß Sie uns weitere Aufträge erteilen werden.

Mit freundlichen Grüßen

Anlage
Rechnungskopie

---

4. Versandanzeige und Trattenavis

Sehr geehrte Herren!

Die von Ihnen am 8. 7. bestellten Waren sind heute per Bahn an Sie abgegangen. Über den Betrag unserer Rechnung in Höhe von ... haben wir, wie gewünscht, auf Sie einen Wechsel per 60 Tage Sicht gezogen. Rechnung und Tratte legen wir diesem Schreiben bei. Bitte senden Sie uns die Tratte so bald wie möglich mit Ihrem Akzept versehen zurück.

Mit freundlichen Grüßen

Anlagen
Rechnung
Tratte

MÄRKLIN

GEBR. MÄRKLIN & CIE. GMBH · GÖPPINGEN (WÜRTT.) · FABRIK FEINER METALLSPIELWAREN

Kunden-Nr. 6075 70

Firma
A. S. Th. Thorngreen
Vimmelskaftet 34

Kopenhagen K

D ä n e m a r k

RECHNUNG

7320 GÖPPINGEN (Germany),
7. Nov. 19..

Ihre Bestellung(en) vom 13. März 19..

1 Karton, Paket(e), gez. TT 88 93
durch Samson Transport, Kopenhagen
Gewicht brutto 29,0 kg netto 26,0 kg

Anzahl	Artikel-Nr.	Artikel	Einzelpreis	Betrag
			DM	DM
22	3045	Güterzuglok	41,17	905,74
6	3073	Engl. Diesellok	24,70	148,20
50	4636	Bierwagen	4,12	206,00
34	4658	Behälterwagen	4,12	140,08
11	4633	Güterwagen	5,19	57,09
46	4064	Schlafwagen	5,19	238,74
14	4065	D-Zug-Liegewagen	5,19	72,66
14	4048	Postwagen	5,19	72,66
14	4049	Personenwagen	5,19	72,66
30	4030	D-Zug-Wagen	4,75	142,50
20	4057	Speisewagen	5,19	103,80
				2.160,13
		./. 5 % Skonto		108,00
				2.052,13
		+ Verpackung		4,00
				2.056,13
				========

Franko Grenze

Wir erklären, daß der nach Abzug der Nachlässe
sich ergebende Endbetrag dieser Rechnung den
für Verkäufe nach Dänemark zum Zeitpunkt des
Verkaufes allgemeinen Preis dieser Ware darstellt.

Zahlungsbedingungen

Bei Vorauszahlung 5 % oder bei sofortiger Zahlung nach Erhalt der Rechnung 2 % Skonto oder
30 Tage rein netto.

GEBR. MÄRKLIN & CIE. GmbH

Die Lieferung erfolgt auf Grund unserer Ihnen bekannten Bedingungen · Erfüllungsort für Lieferung und Zahlung ist Göppingen · Beanstandungen nur innerhalb 8 Tagen

Postfach 860/880   Ruf (07161) *77251   1/30690 Deutsche Bank AG Göppingen   1250 Gebr. Martin Bank Göppingen   565/84 Landeszentralbank Göppingen
Telegramm MÄRKLIN   Telex 07 27 784   2601 Dresdner Bank AG Göppingen   23 Kreissparkasse Göppingen   Postscheckkonto Stuttgart 1141

6. Meldung der Versandbereitschaft – Bitte um Vorauszahlung

Betreff
Ihre Bestellung vom 6. 4.

Sehr geehrte Herren!

Die von Ihnen am 6. 4. bestellten Waren sind inzwischen fertiggestellt worden und liegen zum Versand bereit.

In der Anlage erhalten Sie unsere Rechnung in Höhe von ... Wir bitten Sie, diesen Betrag, wie vereinbart, im voraus zu begleichen. Nach Eingang Ihrer Überweisung werden wir das Paket sofort mit Luftpost an Ihre Adresse senden.

Mit freundlichen Grüßen

Anlage
Rechnung

Übungen

1. Briefreihe I, f (← Nr. 1 auf S. 46, → Nr. 1 auf S. 59)

Am 25. 11. teilt die Cora S.p.A. der Firma Hartmann & Co. mit, daß sie die 50 Ballen Stoff ihrem Spediteur, der Firma Flli. Avandero, übergeben hat. Sie legt ihrem Schreiben einen Durchschlag ihrer Rechnung über Lit ... bei. Die Originalrechnung, in der die Beförderungskosten ab deutscher Grenze bis München gesondert aufgeführt sind, wird der italienische Spediteur der Firma Laderinnung, Gutleben & Weidert Nachf., in München aushändigen.

Aufgabe: Entwerfen Sie die Versandanzeige der Cora S.p.A.

2. Briefreihe III, d (← Nr. 2 auf S. 47)

Am 20. 12. teilen Massoud & Co., Ltd. der Firma Holtmann & Co. mit, daß die 200 Sack Kaffee laut Kontrakt Nr. 6779 mit D. „Zonnekerk" verladen worden sind, der am 21. 12. ausläuft. Massoud & Co., Ltd. senden mit ihrem Schreiben eine Kopie der Handelsrechnung über £ . . . Die Versanddokumente (Handelsrechnung, voller Satz reiner Bordkonnossemente, Gewichtsnota und Kaffee-Ursprungszeugnis) haben Massoud & Co., Ltd. zusammen mit einer Sichttratte ihrer Bank zur Weiterleitung an die Commerz- und Diskontbank Bremen übergeben, die das Inkasso vornehmen wird. Massoud & Co., Ltd. hoffen, daß die Sendung wohlbehalten ankommen und zur vollen Zufriedenheit des Käufers ausfallen wird.

Aufgabe: Entwerfen Sie die Versandanzeige von Massoud & Co., Ltd.

3. Briefreihe V, c (← Nr. 3 auf S. 47, → Nr. 2 auf S. 72)

Die Peter Petersen A/S sendet der Günther Friedrich KG am 18. 6. ihre Rechnung über dkr . . . und teilt mit, daß die bestellten Möbel, verpackt in 5 Kartons, der Bahn übergeben worden sind.

Aufgabe: Entwerfen Sie die Versandanzeige der Peter Petersen A/S.

VII. Bestätigung des Empfangs der Ware und Zahlungsanzeige

Manchmal sendet der Käufer, nachdem er die Ware erhalten und in Ordnung befunden hat, dem Lieferer eine kurze Empfangsbestätigung. Wenn gleichzeitig der Ausgleich der Rechnung erfolgt, enthält die Empfangsbestätigung auch eine Zahlungsanzeige.

Die Zahlungsanzeige oder das Zahlungsavis ist die Mitteilung, daß der Rechnungsbetrag überwiesen wurde oder in Form eines Schecks übersandt wird. Sie kann ein separates Schreiben sein oder mit der Bestellung (bei Vorauszahlung) oder der Empfangsbestätigung für die Ware verbunden werden. Falls der Käufer einen Wechsel erhalten hat, akzeptiert er ihn und sendet ihn mit einem kurzen Begleitschreiben zurück.

Musterbriefe

1. Briefreihe I, g (← Nr. 1 auf S. 57)

Nach Eingang und Prüfung der gelieferten Ware senden Hartmann & Co. der Cora S.p.A. eine Empfangsbestätigung mit Zahlungsanzeige.

Cora S.p.A.

I-13051 Biella

Piazza Vecchia 29

Italien

30. 11. 19. .

Sehr geehrte Herren!

Die am 25. 11. angekündigte Sendung ist gestern wohlbehalten bei uns eingetroffen. Wir danken Ihnen für die prompte Erledigung unserer Bestellung. Wie wir bei der Prüfung feststellen konnten, ist die gelieferte Ware mustergetreu.

Wir haben heute unsere Bank angewiesen, den Betrag Ihrer Rechnung in Höhe von Lit ... abzüglich 3$^1/_2$% Skonto auf Ihr Konto bei der Banca Commerciale Italiana in Biella zu überweisen.

Sobald wir weitere Wollstoffe benötigen, werden wir uns wieder an Sie wenden.

Mit freundlichen Grüßen

Hartmann & Co.

2. Rücksendung des akzeptierten Wechsels

Sehr geehrte Herren!

Wir danken Ihnen für Ihr Schreiben vom 10. 9. und teilen Ihnen mit, daß die Sendung inzwischen bei uns eingetroffen ist.

Ihren Wechsel über ..., Order eigene[1], fällig am 10. 12., senden wir Ihnen mit unserem Akzept versehen und versteuert[2] zurück. Wir haben ihn bei unserer Bank zahlbar gestellt[3]. Für prompte Einlösung bei Verfall werden wir Sorge tragen.

Mit freundlichen Grüßen

Anlage

Akzept

---

[1] Order eigene = die Order des Ausstellers
[2] In der Bundesrepublik Deutschland unterliegen Wechsel einer Steuer von 0,15 DM je angefangene 100 DM. Bei Wechseln im Zusammenhang mit Auslandsgeschäften ermäßigt sich die Steuer auf die Hälfte, soweit keine völlige Steuerbefreiung in Frage kommt.
[3] Wechsel können bei der Bank des Akzeptanten zahlbar gestellt werden, die sie dann bei Verfall einlöst und das Konto des Akzeptanten belastet.

3. Zahlungsanzeige

F. Ludwig Kübler

DAS GROSSE STOFF-SPEZIALHAUS

Pey, Forest & Cie.
2 - 3, Quai Jean-Moulin

L y o n 1er

Frankreich

München 2
Kaufingerstraße 30 / Frauenplatz 8
Fernsprecher Nr. 225265 / 225266
Fernschreiber: 05-22671
Drahtwort: STOFFKÜBLER
Postscheck: München 19325
Bank: Dresdner Bank AG. München
Zweigstelle Marienplatz, 92448
Postanschrift:
8 München 33 / Postfach 509

Ihre Zeichen	Ihre Nachricht vom	Unsere Nachricht vom	Unser Zeichen	München, den
			mg	21. 9. 19..

Betreff: Buchhaltung

Sehr geehrte Herren,

Auf Grund Ihres Schreibens vom 14. 9. 19.. senden wir Ihnen
wunschgemäß eine genaue Aufstellung über unsere Banküberweisung
vom 14. 8. 19..

```
        Rechnung Nr. 12 046 v. 29. 3. 19..  DM  698,40
./. Retoure  Nr.  5 291 v.  4. 8. 19..   "   67,08
./. DEB-Nota Nr.  4 982 v. 14. 4. 19..   "   12,10
./. DEB-Nota Nr.  4 984 v. 14. 4. 19..   "  124,93
./. DEB-Nota Nr.  4 689 v.  3. 4. 19..   "   95,59
                                        DM  398,70
./. 3 1/2 % Skonto                       "   13,95
                                                      DM  384,75

        Rechnung Nr. 12 284 v. 13. 4. 19..  DM  667,68
./. 3 1/2 % Skonto                       "   23,37
                                                      DM  644,31

        Rechnung Nr. 12 471 v. 27. 4. 19..  DM  322,08
./. DEB-Nota Nr.  5 163 v.  2. 5. 19..   "   41,31
                                        DM  280,77
./. 3 1/2 % Skonto                       "    9,83
                                                      DM  270,94

        Rechnung Nr. 13 160 v.  7. 7. 19..  DM 1213,15
./. 3 1/2 % Skonto                           42,46
                                                      DM 1170,69
                                         Summe DM 2470,69
                                               ==========
```

Wir hoffen, Ihnen hiermit gedient zu haben, und begrüßen Sie

        hochachtungsvoll

        F. Ludwig Kübler

        i. V.

61

Übungen

1. Briefreihe II, f (← Nr. 1 auf S. 52)

Klein y Cía. Ltda. bestätigen am 20. 6. den Eingang der in der Versandanzeige der Bauer-Radio-GmbH angekündigten Sendung. Sie bitten die Lieferfirma bei dieser Gelegenheit um Prospektmaterial über ihr Plattenspielerprogramm, da viele ihrer Kunden auch Interessse an deutschen Plattenspielern gezeigt hätten. Abschließend erkundigen sich Klein y Cía. Ltda., ob die Bauer-Radio-GmbH bereit wäre, ihnen die Alleinvertretung für Costa Rica zu übertragen.

Aufgabe: Entwerfen Sie die Empfangsbestätigung der Firma Klein y Cía. Ltda.

2. Neudorfer & Co. in Salzburg begleichen am 8. 5. die Rechnung der Firma Johann Holzer in München vom 2. 5. über DM 850,–– durch einen Scheck auf die Volksbank Salzburg, nachdem sie gemäß den vereinbarten Zahlungsbedingungen 2% Skonto abgezogen haben.

Aufgabe: Entwerfen Sie die Zahlungsanzeige von Neudorfer & Co.

VIII. Lieferungsverzögerung: Mahnung

Die Verzögerung der Lieferung bzw. die Nichtlieferung der Ware kann auf Umstände zurückzuführen sein, die der Lieferer zu verantworten hat, oder auf solche, für die er nicht verantwortlich gemacht werden kann. Im ersteren Fall bezeichnet man die Verzögerung der Lieferung bzw. die Nichtlieferung als Lieferungsverzug.

Wenn die bestellte Ware nicht rechtzeitig geliefert wird, sendet der Käufer dem Verkäufer eine Mahnung, in der er ihn an die fällige Lieferung erinnert. Der Käufer kann auch eine letzte Frist für die Lieferung setzen und für den Fall, daß diese Frist nicht eingehalten wird, die Ablehnung der Ware oder andere Folgen androhen. Meistens wird mehrmals gemahnt, bevor eine letzte Frist gesetzt wird.

Als Entschädigung für eine verspätete Lieferung kann der Käufer einen Preisnachlaß, ein längeres Zahlungsziel oder ein anderes Zugeständnis des Verkäufers verlangen.

Musterbriefe

1. Anmahnung einer Lieferung

Sehr geehrte Herren!

Am 15. Juli bestellten wir bei Ihrem deutschen Vertreter, Herrn Bergmann, laut Bestellschein Nr. A-23/280 Wollpullover und Wollsocken.

Wir haben damals Ihren Vertreter ausdrücklich darauf aufmerksam gemacht, daß die Ware bis Anfang Oktober in unserem Besitz sein muß. Herr Bergmann sagte uns die Einhaltung dieses Termins ausdrücklich zu.

Heute ist bereits der 20. Oktober, und wir haben noch immer keine Versandanzeige von Ihnen erhalten. Bitte teilen Sie uns sofort telegrafisch mit, wann wir mit der Ankunft der Ware rechnen können.

Wir benötigen die Sendung dringend, da die Nachfrage nach Wollsachen wegen des kalten Wetters bereits eingesetzt hat. Auch im Hinblick auf das bevorstehende Weihnachtsgeschäft müssen wir auf umgehender Lieferung bestehen.

Mit freundlichen Grüßen

---

2. Mahnung mit Fristsetzung

Sehr geehrte Herren!

Am 15. 2. bestellte ich bei Ihnen 15 Garnituren Korbmöbel, die bis Ende April hätten geliefert werden sollen. Als ich Sie am 15. 5. mahnte, erhielt ich einen Anruf Ihres Herrn Orsetti, der fest versprach, die Lieferung bis zum 10. 6. vorzunehmen. Auch diese Zusage wurde nicht eingehalten.

Ihr Lieferungsverzug bringt mich in große Verlegenheit. Es ist für mich sehr unangenehm, meine Kunden immer wieder vertrösten zu müssen. Als letzten Termin für die Lieferung setze ich nun den 10. 7. fest. Sollte die Ware später eintreffen, so könnte ich sie zu meinem großen Bedauern nicht mehr annehmen. Außerdem müßte ich mir das Recht vorbehalten, Sie für alle Ausfälle verantwortlich zu machen, die mir durch den Verlust von Kunden entstehen.

Ich bin überzeugt, daß Sie alles tun werden, um eine Beeinträchtigung unserer bisher so angenehmen Geschäftsbeziehungen zu vermeiden.

Hochachtungsvoll

---

3. Beschwerde über Rückstände bei Stofflieferungen

---

22. 3. 19..

Sehr geehrter Herr Maillet!

Obwohl wir auch für dieses Frühjahr sehr frühzeitig disponierten[1], lassen Sie uns erneut mit den Lieferungen im Stich.

Unser Auftrag Nr. 3/188 vom 29. 6. 19.., den Sie am 5. 7. 19.. bestätigten, wurde wirklich so früh erteilt, daß Sie die angegebene Lieferzeit „15. 2. 19.." hätten einhalten können. Trotzdem bringen Sie (Rechnung Nr. 11792 vom 16. 3.) immer noch Ware zur Auslieferung, und außerdem sind noch bedeutende Rückstände offen.

Als Anlage senden wir Ihnen Debet-Nota Nr. 3642 vom 21. 3., da wir die Lieferung zu der erwähnten Rechnung nur mit 10% Preisnachlaß übernehmen. Außerdem haben wir die Faktura per 5. 7. valutiert[2].

Wir weisen darauf hin, daß wir weitere Rückstände aus dem oben angeführten Auftrag nur mit 10% Preisermäßigung und mit Valuta[3] 5. 8. übernehmen. Davon ausgeschlossen sind die Rückstände in den Artikeln 7834 und 5152 auf Blatt 4. Wir bitten Sie, diese zu streichen.

Wir bedauern sehr, daß es auch diesmal wieder zu Verzögerungen kam, und ersuchen Sie, sich genau an unsere Bedingungen zu halten, da wir sonst alle noch rückständigen Stücke retournieren müßten.

Hochachtungsvoll

Anlage
Debet-Nota Nr. 3642

---

[1] disponieren = *hier:* bestellen
[2] valutieren = *hier:* den Fälligkeitstermin festsetzen
[3] Valuta = *hier:* (neuer) Fälligkeitstermin

Übungen

1. Briefreihe IV, d (← Nr. 3 auf S. 42, → Nr. 1 auf S. 67)

Da Dupont & Cie. S.A. am 17. 1. 19.., fast 5 Monate nach der Auftragsbestätigung durch die Maschinenfabrik Neumann AG, noch keine Meldung über die Versandbereitschaft der bestellten Maschine erhalten haben, wenden sie sich an die Nürnberger Firma und erinnern sie an die vereinbarte Lieferfrist. Dupont & Cie. S.A. weisen darauf hin, daß sie die Maschine dringend benötigen, und bitten die Maschinenfabrik Neumann AG umgehend mitzuteilen, wann mit der Lieferung der Maschine zu rechnen ist.

Aufgabe: Entwerfen Sie das Schreiben, mit dem Dupont & Cie. S.A. die Lieferung der bestellten Maschine anmahnen.

2. Bertolini & Figli in Mailand bestellten am 12. 2. unter der Nummer 6712 15 Bodenfräsen bei Lauer & Co. GmbH in Augsburg. Vereinbarte Lieferzeit: 4 Wochen. Da die Lieferung am 25. 3. noch nicht erfolgt ist, senden Bertolini & Figli der deutschen Firma eine Mahnung.

Auf ihre Mahnung vom 25. 3. erhalten Bertolini & Figli keine Antwort. Da die Bodenfräsen am 15. 4. immer noch nicht eingegangen sind, setzen sie der Lieferfirma eine Frist bis zum 10. 5. und drohen damit, die Annahme der Geräte zu verweigern, wenn diese Frist nicht eingehalten wird.

Aufgabe: Entwerfen Sie die beiden Mahnungen von Bertolini & Figli.

IX. Lieferungsverzögerung: Antwort auf Mahnung

Wenn der Lieferer bei Lieferungsverzug vom Käufer gemahnt wird, muß er sich entschuldigen, die Gründe für die Verzögerung angeben und mitteilen, wann er endgültig liefern kann. Vielleicht ist es ihm auch möglich, eine Teilsendung vorzunehmen. Falls dem Lieferer eine letzte Frist gesetzt worden ist, wird er sich bemühen, diese einzuhalten, damit keine Unannehmlichkeiten für ihn entstehen. Um den Käufer zur Annahme der verspätet gelieferten Ware zu veranlassen, kann ihm der Verkäufer von sich aus einen Preisnachlaß oder ein längeres Zahlungsziel anbieten. Bei Lieferungsverzögerung infolge von Brand, Überschwemmung, Streik usw. weist der Verkäufer darauf hin, daß es sich um höhere Gewalt, d. h. um Ereignisse handelt, auf die er keinen Einfluß hat.

Grundsätzlich sollte der Lieferer bei Lieferungsverzögerungen – ganz gleich, ob er diese zu verantworten hat oder nicht – dem Kunden rechtzeitig Bescheid geben und nicht erst warten, bis er gemahnt wird. Dadurch kann er sich und dem Kunden viel Ärger ersparen.

Musterbriefe

1. Briefreihe IV,e (← Nr. 1 auf S. 65)

Dupont & Cie. S.A.
avenue du Général Leclerq

F-93 Pantin

Frankreich

20. 1. 19..

Sehr geehrte Herren,

wir sind im Besitze Ihres Schreibens vom 17. 1., in dem Sie die Lieferung der von Ihnen bestellten Fräsmaschine anmahnen.

Die Maschine konnte leider nicht fristgerecht fertiggestellt werden, da bestimmte Teile der elektronischen Ausrüstung nicht rechtzeitig zur Verfügung standen. Unser Zulieferer war so mit Aufträgen überhäuft, daß er nicht in der Lage war, seinen Lieferverpflichtungen rechtzeitig nachzukommen. Soeben haben wir jedoch erfahren, daß die Teile an uns abgegangen[1] sind. Die Maschine dürfte daher innerhalb der nächsten 14 Tage versandbereit sein. Den genauen Termin werden wir Ihnen telegrafisch mitteilen.

Bitte entschuldigen Sie, daß wir Sie nicht schon früher von diesen Schwierigkeiten in Kenntnis gesetzt haben, aber unser Zulieferer hat uns von Woche zu Woche vertröstet.

Wir bedauern diese Verzögerung sehr und hoffen, daß sie Ihnen keine allzugroßen Unannehmlichkeiten bereitet.

Mit freundlichen Grüßen
Maschinenfabrik Neumann AG

---

[1] abgehen = *hier:* abgesandt werden

2. Entschuldigung wegen verspäteter Lieferung

Sehr geehrte Herren!

Wir danken Ihnen für Ihr Schreiben vom 14. 3., in dem Sie sich wegen der von Ihnen am 20. 2. bestellten Ersatzteile erkundigen. Bei der sofortigen Nachprüfung der Angelegenheit stellte sich heraus, daß unsere Versandabteilung aus Versehen ein späteres Lieferdatum vorgemerkt hatte.

Die Ersatzteile sind heute morgen per Luftpost an Ihre Anschrift abgegangen. Wir bitten Sie höflich, das Versehen zu entschuldigen.

Mit freundlichen Grüßen

---

3. Ankündigung einer Lieferungsverzögerung

Sehr geehrte Herren!

Zu unserem Bedauern müssen wir Ihnen mitteilen, daß es uns nicht möglich sein wird, die von Ihnen am 2. 7. bestellten Filmkameras innerhalb der vereinbarten Frist von 3 Monaten zu liefern. Der Mangel an geschulten Arbeitskräften macht es uns z. Z. sehr schwierig, unseren Lieferverpflichtungen nachzukommen. Wir sind jedoch nach Kräften bemüht, vor allem unsere Auslandsaufträge mit so geringer Verzögerung wie möglich auszuführen. Obwohl wir erwarten, daß es uns gelingen wird, unseren Auftragsrückstand in etwa 4 Wochen aufzuarbeiten, müssen wir doch damit rechnen, daß sich äußerstenfalls eine Verzögerung um 6 Wochen ergeben könnte. Aus diesem Grund wären wir Ihnen sehr dankbar, wenn Sie durch Ihre Bank die Verlängerung des zu unseren Gunsten eröffneten Akkreditivs um 6 Wochen veranlassen würden.

Es tut uns sehr leid, Ihnen Unannehmlichkeiten verursachen zu müssen, und wir bitten Sie um Verständnis für unsere schwierige Lage. Um das leidige Problem der Lieferungsverzögerungen aus der Welt zu schaffen, werden wir in der nächsten Zeit weitere Teile unserer Fertigung auf Automation umstellen. Bis dahin müssen wir unsere Kunden um Geduld und Nachsicht bitten.

Mit freundlichen Grüßen

Übungen

1. Die Firma Oliveira & Irmãos in Coimbra (Portugal), die Glas- und Keramikwaren herstellt, erhält ein Schreiben der A. L. Kallmann KG in München, in der diese eine Sendung anmahnt, die bereits Mitte April hätte geliefert werden sollen. In ihrer Antwort entschuldigt sich die portugiesische Firma wegen der Verzögerung und weist darauf hin, daß sie wegen des Ausfalls eines Brennofens in Schwierigkeiten geraten ist. Sie kann aber einen Teil der bestellten Waren in der nächsten Woche liefern. Die Restlieferung folgt voraussichtlich in 3 Wochen.

Aufgabe: Entwerfen Sie das Schreiben der Firma Oliveira & Irmãos.

2. Die OY Lahtinen AB in Helsinki erhielt vor 2 Monaten von der Firma Kleiber & Co. in Bremen einen Auftrag auf Lieferung von finnischen Saunas aus Fertigteilen. Vereinbarte Lieferzeit: 4 Monate. Nun ist in der holzver-

arbeitenden Industrie Finnlands ein Streik ausgebrochen, von dem auch die OY Lahtinen AB betroffen ist. Die Verhandlungen mit den Gewerkschaften sind sehr schwierig, so daß ein Ende des Streiks noch nicht abzusehen ist. Die finnische Firma befürchtet, daß bei einem länger andauernden Streik die rechtzeitige Fertigstellung der Saunas in Frage gestellt würde. Sie wendet sich daher an Kleiber & Co.

Aufgabe: Entwerfen Sie das Schreiben der OY Lahtinen AB.

X. Beschwerde

Bei der Prüfung der gelieferten Ware stellt der Käufer zuweilen fest, daß diese einen Mangel oder Defekt aufweist, daß eine falsche Ware oder Menge geliefert wurde, daß die gelieferte Ware beschädigt oder verdorben ist usw. In solchen Fällen sendet der Käufer dem Verkäufer eine Beschwerde, Beanstandung, Reklamation oder Mängelrüge. In der Beschwerde erklärt er genau, welche Mängel vorliegen, und macht seine Ansprüche geltend. Manchmal bittet er auch den Lieferer, Vorschläge zur Regelung der Angelegenheit zu machen.

Welche Regelung der Käufer verlangt, hängt von den jeweiligen Umständen ab. Unverkäufliche oder unbrauchbare Ware stellt er dem Lieferer wieder zur Verfügung. Falls er noch an der Lieferung einwandfreier Ware interessiert ist, verlangt er Umtausch oder Ersatzlieferung. Bei kleineren Mängeln erklärt sich der Käufer im allgemeinen bereit, die Ware zu behalten, wenn ihm der Lieferer einen angemessenen Preisnachlaß gewährt. Bei Minderlieferung verlangt er Nachlieferung oder kürzt die Rechnung um den entsprechenden Betrag. Mängel an technischen Erzeugnissen können meistens durch Reparatur oder den Austausch von Teilen beseitigt werden.

In vielen Branchen übernimmt der Hersteller eine Garantie für seine Erzeugnisse. Auf Grund der Garantie verpflichtet er sich, alle innerhalb der Garantiezeit auftretenden Mängel kostenlos zu beseitigen, wenn diese auf Material- oder Verarbeitungsfehler zurückzuführen sind.

Musterbriefe

1. Beschwerde wegen teilweiser Falschlieferung und Glasfehlern

---

Sehr geehrte Herren!

Wir bestätigen den Empfang Ihrer Sendung vom 17. 7., müssen Ihnen aber zu unserem Bedauern mitteilen, daß Sie zu den 25 grünen Suppentassen dunkelblaue Untertassen geliefert haben. Außerdem weisen 21 der 50 Whisky-Gläser kleine Bläschen im Glas auf.

Die dunkelblauen Untertassen stellen wir Ihnen zur Verfügung und bitten Sie, uns statt dessen so bald wie möglich 25 grüne Untertassen zu senden. Whisky-Gläser mit Glasfehlern können wir nur zu erheblich reduziertem Preis absetzen. Wir sind daher nur bereit, die Gläser zu behalten, wenn Sie den Preis um 50% ermäßigen. Andernfalls müßten wir auch die Annahme der fehlerhaften Gläser ablehnen.

Für Ihre umgehende Stellungnahme wären wir dankbar.

Mit freundlichen Grüßen

---

2. Briefreihe V, d (← Nr. 3 auf S. 58, → Nr. 1 auf S. 78)

Peter Petersen A/S

Viborg

Dänemark

23. 6. 19. .

Betreff
Bestellung Nr. 4679

Die unter obiger Nummer bestellten Möbel – 2 Tische Nr. 234, Eiche geräuchert, und 8 Stühle Nr. 236, Eiche geräuchert, schwarze Ledersitze – haben wir heute erhalten.

Leider mußten wir beim Auspacken der Stühle feststellen, daß 4 der Ledersitze stark verkratzt waren. Unser Kunde lehnt es ab, die Stuhlsitze in diesem Zustand abzunehmen. Wir bitten Sie deshalb, uns umgehend 4 Ersatzstücke zuzusenden, wenn möglich als Expreßpaket.

Bitte teilen Sie uns mit, was wir mit den verkratzten Sitzen machen sollen.

Für baldige Erledigung wären wir dankbar.

Mit freundlichen Grüßen
Günther Friedrich KG

---

3. Beschwerde wegen Fehlmenge – Kürzung der Rechnung

Sehr geehrte Herren!

Auf unsere Bestellung Nr. 8721 über 150 Flaschen Kräuteressig vom 1. 7. erhielten wir heute morgen durch Ihren Spediteur 5 Kartons mit je 25 Flaschen. Wie wir aber anhand Ihrer Rechnung feststellen, haben Sie uns nicht 125 sondern 150 Flaschen berechnet. Anscheinend ist Ihnen hier ein Versehen unterlaufen. Wir ließen uns die Minderlieferung von 25 Flaschen von Ihrem Spediteur bestätigen. Eine Kopie seiner Bestätigung legen wir bei.

Wir haben Ihre Rechnung um den Wert der fehlenden Flaschen – ffr ... – gekürzt und senden Ihnen über den Restbetrag von ffr ... einen Scheck auf Paris[1].

Mit freundlichen Grüßen

Anlagen
Bestätigung
Scheck

---

[1] = ein Scheck, der auf eine Bank in Paris ausgestellt ist

Übungen

1. Die Firma Gutiérrez y Hnos. S.A. in Barcelona hat von der Werkzeugmaschinenfabrik Braun & Söhne in Augsburg eine Bohrmaschine, Typ S 800, gekauft, die am 6. 9. in Barcelona eintraf. Bei der Eingangsprüfung wurden folgende Mängel festgestellt:

    1. Die Bohrspindel weist einen unzulässig hohen Schlag auf (0,015 mm gegenüber dem zulässigen Wert von 0,005 mm), wodurch die Arbeitsgenauigkeit der Maschine wesentlich beeinträchtigt wird.

    2. Die Tischverstellspindel ist rechtsseitig schwergängig.

Gutiérrez y Hnos. S.A. senden Braun & Söhne am 9. 9. eine Beanstandung. Sie bitten die Lieferfirma, einen Kundendienstmonteur nach Barcelona zu entsenden, der die Maschine an Ort und Stelle prüft und die beanstandeten Mängel behebt. Die spanische Firma weist darauf hin, daß die Arbeiten unter Garantie zu leisten sind.

Aufgabe: Entwerfen Sie die Beanstandung von Gutiérrez y Hnos. S.A.

2. Während eines Besuches in München wählte Mr. John Pollman aus Chicago im Trachtenhaus Bergmeier Dirndlkleider für seine beiden Töchter im Alter von 12 und 14 Jahren und einen bayerischen Trachtenanzug für seinen 7jährigen Sohn aus. Er zahlte sofort und bat das Geschäft, die Trachtenkleidung an seine Heimatanschrift zu senden. Etwa 6 Wochen, nachdem er wieder zu Hause war, erhielt er das Paket, mußte aber feststellen, daß der Trachtenanzug statt in der bestellten Größe 134 aus Versehen in der Größe 128 geliefert worden war. Mr. Pollman sendet den Anzug zurück und verlangt Umtausch gegen die richtige Größe oder Rückerstattung des Kaufpreises sowie Ersatz für seine Auslagen in Höhe von $ . . .

Aufgabe: Entwerfen Sie die Beschwerde von Mr. Pollman.

XI. Antwort auf Beschwerde

Ein Hersteller oder Händler hat nur dann geschäftlichen Erfolg, wenn seine Kunden mit seinen Erzeugnissen oder Waren zufrieden sind. Der moderne Geschäftsmann empfindet daher Beschwerden nicht mehr als lästig, sondern betrachtet sie als willkommene Gelegenheit, das Wohlwollen seiner Kunden zu erhalten bzw. wiederzugewinnen.

Jede Beschwerde wird vom Lieferer sofort sorgfältig geprüft. Wenn sie berechtigt ist, entschuldigt sich der Lieferer bei seinem Kunden und bringt die Angelegenheit so bald wie möglich in Ordnung. Unberechtigte Beschwerden werden zurückgewiesen. Es kommt aber auch vor, daß der Lieferer bei einem guten Kunden aus Kulanz, d. h. entgegenkommenderweise, einer Beschwerde stattgibt, ohne rechtlich dazu verpflichtet zu sein. Er tut dies, um den Kunden nicht zu verlieren.

Schäden oder Verluste während des Transports müssen der Versicherungsgesellschaft gemeldet werden, bei der die Sendung versichert wurde. Nach Prüfung der Schadensmeldung und aller eingereichten Unterlagen vergütet die Versicherung den Schaden. (Deutsche Versicherungsgesellschaften veranlassen Zahlungen an ausländische Versicherte in ausländischer Währung über ihre Vertretungen im Ausland.)

Manchmal kommt es wegen der Qualität der gelieferten Ware zu Meinungsverschiedenheiten zwischen Verkäufer und Käufer. Wenn die Vertragspartner die Differenzen nicht selbst bereinigen können, müssen sie sich an ein ordentliches Gericht oder ein Schiedsgericht wenden. Da Gerichtsverfahren – besonders solche zwischen Parteien verschiedener Nationalität – immer kostspielig und zeitraubend sind, wird bei Außenhandelsverträgen oft die Zuständigkeit eines Schiedsgerichts oder ein besonderes Schiedsverfahren vereinbart. Die Vertragspartner verpflichten sich durch eine entsprechende Klausel im Vertrag, bei eventuellen Streitigkeiten ein Schiedsgericht anzurufen und die schiedsrichterliche Entscheidung anzuerkennen.

1. Kartonagenfabrik gewährt Preisnachlaß wegen fehlerhafter Lieferung

---

Sehr geehrte Herren!

Ihrem Schreiben vom 27. 4. entnehmen wir zu unserem Bedauern, daß unsere letzte Sendung Kartonagen zu etwa einem Viertel aus Ausschuß bestand.

Wir haben den Fall untersucht und dabei festgestellt, daß bei einer unserer Maschinen Störungen aufgetreten sind. Allerdings hätten die fehlerhaften Faltkartons spätestens bei der Versandkontrolle entdeckt werden müssen. Dieses Versehen ist uns sehr peinlich, und wir bitten Sie höflich um Entschuldigung. Wir haben bereits Maßnahmen getroffen, die die Wiederholung eines solchen Vorkommnisses in Zukunft verhindern sollen.

Da Sie sich bereit erklärt haben, die Sendung zu behalten, wenn wir Ihnen mindestens 25% Nachlaß gewähren, senden wir Ihnen eine neue, um 30% ermäßigte Rechnung. Die alte Rechnung ist somit hinfällig.

Wir hoffen, die Angelegenheit zu Ihrer vollen Zufriedenheit erledigt zu haben, und bitten Sie, uns auch in Zukunft wieder Ihr Vertrauen zu schenken.

Anlage   Mit freundlichen Grüßen
Rechnung

---

2. Hersteller lehnt kostenlose Reparatur einer vom Vertreter eingesandten Kamera ab

---

Sehr geehrter Herr Araman!

Wir danken Ihnen für Ihr Schreiben vom 10. 10. und bestätigen den Erhalt der von Ihnen eingesandten Kleinbildkamera AUTOMATICA C 5 mit der Serien-Nr. 5276632, die nach Mitteilung Ihres Kunden nicht mehr einwandfrei funktioniert, obwohl er sie erst 3 Wochen in Gebrauch hatte.

Unsere Reparaturabteilung hat die Kamera eingehend geprüft und dabei festgestellt, daß Sand in das Innere des Apparates eingedrungen ist und den Mechanismus teilweise beschädigt hat. Sie werden verstehen, daß unter diesen Umständen eine kostenlose Reparatur auf Grund unserer Garantiebedingungen nicht in Frage kommt. Wir sind jedoch gerne bereit, die Kamera zu überholen und instand zu setzen, müßten dafür aber DM . . . berechnen.

Bitte teilen Sie uns so bald wie möglich mit, ob Ihr Kunde damit einverstanden ist.

Mit freundlichen Grüßen

---

3. Lieferer verweist Kunden an die Versicherungsgesellschaft

Sehr geehrte Herren!

Durch Ihr Schreiben vom 22. 9. haben wir erfahren, daß unsere letzte Sendung beschädigt ankam und ein Teil der Waren unbrauchbar ist.

Wir bedauern dieses Vorkommnis sehr, können jedoch kein Verschulden unsererseits feststellen, da wir wie immer auf sorgfältige Verpackung geachtet haben. Unserer Meinung nach kann der Schaden nur durch ein außergewöhnliches Ereignis entstanden sein.

Wir schlagen deshalb vor, daß Sie den Schaden unter Vorlage der Versicherungspolice, des Havariezertifikats[1], des Konnossements und der Handelsrechnung der dortigen Vertretung der Hamburger Seeversicherungs-AG melden. Sollten Sie aber vorziehen, daß wir für Sie die Schadensmeldung in Hamburg vornehmen, so sind wir gern dazu bereit. In diesem Fall müßten wir Sie jedoch bitten, uns die dafür erforderlichen Unterlagen zur Verfügung zu stellen. Nach der Regulierung des Schadens würden wir Ihnen dann eine Gutschrift erteilen.

Mit freundlichen Grüßen

---

[1] Bei einem Schadensfall muß der in der Versicherungspolice oder dem Versicherungszertifikat genannte Havarie-Kommissar benachrichtigt werden, der nach Besichtigung des Schadens ein Havariezertifikat ausstellt.

Übungen

1. Briefreihe V, e (← Nr. 2 auf S. 72)

Auf die Beschwerde der Günther Friedrich KG schreibt die Peter Petersen A/S am 27. 6., daß sie 4 Ersatzstücke für die beschädigten Ledersitze als Expreß-paket abgeschickt hat. Sie bedauert das Vorkommnis und weist darauf hin, daß die Möbel wie immer sorgfältig verpackt waren. Die beschädigten Sitze soll die Günther Friedrich KG der Spediteurfirma Hamann & Sohn in Frankfurt übergeben. (Dies ist der Korrespondent des dänischen Spediteurs, mit dem die Peter Petersen A/S zusammenarbeitet.)

Aufgabe: Entwerfen Sie die Antwort der Peter Petersen A/S auf die Beschwerde der Günther Friedrich KG.

2. Die Firma Crevier S.A. in Brüssel erhält ein Schreiben von Maurer & Co. in Esslingen, in dem sich diese Firma darüber beschwert, daß bei der Verzink-anlage, die sie vor 2 Monaten über den deutschen Vertreter der belgischen Firma gekauft hat, wiederholt Störungen aufgetreten seien. Der Vertreter habe inzwischen schon 6 Reparaturen durchgeführt, die Anlage arbeite aber immer noch nicht einwandfrei. Maurer & Co. hätten den Umtausch der Anlage ver-langt, der Vertreter habe sich jedoch bisher nicht dazu bereit gefunden.

Die Crevier S.A. fordert daraufhin von ihrem Vertreter einen ausführlichen Bericht an und teilt Maurer & Co. mit, daß sie die Anlage unverzüglich gegen eine neue umtauschen wird, wenn es sich bestätigt, daß – wie es hier den An-schein hat – Mängel in der Herstellung vorliegen.

Aufgabe: Entwerfen Sie die Antwort der Crevier S.A. auf die Beschwerde von Maurer & Co.

3. Flli. Caldoni in Padua erhalten eine Beschwerde des Feinkosthauses Fuchs in Nürnberg. Diese Firma hat mit der letzten Sendung 100 Gläser süßen Paprika statt der bestellten 50 Gläser scharfen Paprika bekommen.

Die italienische Firma stellt fest, daß hier eine Verwechslung vorliegt. Die 100 Gläser süßer Paprika waren nicht für das Feinkosthaus Fuchs sondern für die Firma Karl Klenzer in Bamberg, Marktstr. 16, bestimmt. Sie veranlaßt sofort, daß 50 Gläser scharfer Paprika nach Nürnberg abgeschickt werden, und bittet das Feinkosthaus Fuchs, die 100 Gläser süßen Paprika an Karl Klenzer in Bamberg zu senden. Ihre Auslagen soll die Firma vom fälligen Rechnungsbetrag absetzen.

Aufgabe: Entwerfen Sie die Antwort von Flli. Caldoni auf die Beschwerde des Feinkosthauses Fuchs.

XII. Zahlungsverzögerung: Mahnung

Die Verzögerung der Zahlung oder die Nichtzahlung aus Gründen, die der Schuldner selbst verantworten muß, wird Zahlungsverzug genannt.

Wenn ein Kunde nicht rechtzeitig zahlt, erinnert ihn der Lieferer an die fällige Zahlung, indem er ihm eine Rechnungsabschrift, einen Kontoauszug oder einen Mahnbrief sendet. Die Mahnung kann auch mit einer anderen Mitteilung an den Kunden, der Abgabe eines Angebots usw. verbunden werden (versteckte Mahnung).

Falls dies notwendig ist, folgen auf die erste Mahnung weitere Mahnungen, in denen der Schuldner höflich, aber in immer dringlicherem Ton aufgefordert wird, die fällige Zahlung zu leisten. In der letzten Mahnung setzt der Gläubiger dem Schuldner eine Frist und kündigt an, daß er bei Nichteinhaltung dieser Frist weitere Maßnahmen ergreifen wird.

Die Maßnahmen, die der Gläubiger bei Auslandsforderungen durchführen kann, sind im wesentlichen folgende: Er kann alle weiteren Lieferungen an den betreffenden Kunden einstellen, bzw. bei weiteren Lieferungen sofortige Zahlung verlangen. Er kann über die diplomatische oder konsularische Vertretung seines Landes oder eine andere Stelle im Lande des Schuldners einen moralischen Druck auf diesen ausüben. Schließlich hat der Gläubiger die Möglichkeit, die Forderung einem Inkassobüro[1], einer Bank oder einem Rechtsanwalt zum Einzug zu übergeben oder gerichtliche Schritte gegen den Schuldner zu unternehmen.

[1] Inkassobüros sind Unternehmen, die gegen Zahlung einer Provision die Einziehung von Forderungen übernehmen. Die Handelsauskunfteien sind oft gleichzeitig Inkassobüros.

Musterbriefe

1. Erste Mahnung

Sehr geehrte Herren!

Wir gestatten uns, Sie darauf aufmerksam zu machen, daß unsere Rechnung vom 10. 11. über DM . . . noch offensteht. Für eine baldige Überweisung des fälligen Betrages wären wir Ihnen sehr dankbar.

Mit freundlichen Grüßen

---

2. Briefreihe VI,c (← Nr. 4 auf S. 43, → Nr. 1 auf S. 87)

Der Max Hueber Verlag sendet The German Bookstore, Inc. eine Zahlungserinnerung, da diese Firma ihre Rechnung nicht fristgemäß beglichen hat.

MAX HUEBER VERLAG   8000 MÜNCHEN 13   POSTFACH 680   **sprachen der welt**
hueber

The German Bookstore, Inc.
114 Nakano-cho, Setagaya-ku

T o k y o

J a p a n

8 MÜNCHEN 13
AMALIENSTRASSE 77-79
TELEFON 29 46 68
25. Juni 19..

Unsere Rechnung vom 3. 2. 19.. über DM ...

Sehr geehrte Herren!

Wie wir anhand unserer Bücher feststellen, ist für die obige Rechnung noch keine Überweisung von Ihnen eingegangen. Da wir für alle Lieferungen an Sie ein Ziel von 90 Tagen vereinbart haben, war die Zahlung bereits am 3. 5. 19.. fällig.

Sollte ein Irrtum unsererseits vorliegen, so bitten wir Sie, uns dies mitzuteilen. Andernfalls wären wir Ihnen für die umgehende Erledigung dieser Angelegenheit sehr dankbar.

Hochachtungsvoll

MAX HUEBER VERLAG

---

3. Versteckte Mahnung

Sehr geehrte Herren,

dürfen wir Sie daran erinnern, daß unsere Rechnung vom 8. 7. bereits vor über einem Monat fällig war? Unsere Bank hat uns heute auf unsere Anfrage mitgeteilt, daß bisher noch keine Überweisung von Ihnen eingegangen ist.

Es kann natürlich vorkommen, daß einmal eine Rechnung übersehen wird. Nachdem wir Sie jedoch jetzt auf diese Angelegenheit aufmerksam gemacht haben, sind wir sicher, daß Sie die Zahlung umgehend vornehmen werden.

Haben Sie schon daran gedacht, sich für das Weihnachtsgeschäft einzudecken? Mit gleicher Post lassen wir Ihnen unseren neuesten Spielwarenkatalog zugehen. Da mit einer großen Nachfrage nach unseren mechanischen Spielsachen zu rechnen ist, können wir unseren Kunden nur dann rechtzeitige Lieferung garantieren, wenn sie ihre Bestellungen so früh wie möglich aufgeben.

Wir würden uns freuen, bald von Ihnen zu hören.

Mit freundlichen Grüßen

4. Wiederholte Mahnung

Sehr geehrter Herr Legras!

Wie Sie aus dem Ihnen am 25. 9. übersandten Kontoauszug ersehen konnten, weist Ihr Konto einen Saldo in Höhe von . . . zu unseren Gunsten aus.

Da wir z. Z. sehr auf den Eingang unserer Außenstände angewiesen sind, um unseren eigenen Verpflichtungen nachkommen zu können, bitten wir Sie nochmals höflich, Ihr Konto umgehend auszugleichen.

Wir sind überzeugt, daß Sie unserer Bitte entsprechen werden, und erwarten den Eingang Ihrer Zahlung in den nächsten Tagen.

Mit freundlichen Grüßen

5. Wiederholte Mahnung

Sehr geehrte Herren!

Am 18. 6. bat ich Sie um baldige Begleichung meiner Rechnung vom 15. 4. über . . .

Heute wiederhole ich meine Bitte. Sollte Ihnen die Bezahlung der gesamten Summe im Augenblick Schwierigkeiten bereiten, bin ich auch mit einer Teilzahlung einverstanden, wenn Sie mir einen annehmbaren Vorschlag über die Abzahlung der Restsumme machen.

Wie Sie sehen, bin ich durchaus bereit, Ihnen entgegenzukommen. Ich erwarte aber, daß Sie mich nicht länger im unklaren lassen.

Mit freundlichen Grüßen

6. Letzte Mahnung

Betreff
DM 16.480,–, fällig seit dem 10. 2.

Sehr geehrte Herren!

Wir sind sehr enttäuscht darüber, daß wir von Ihnen bis heute noch keine Antwort auf unsere wiederholten Zahlungsaufforderungen erhalten haben. Es bleibt uns nunmehr nichts anderes übrig, als Ihnen eine Frist bis zum 31. 10. zu setzen. Sollte die Zahlung bis dahin nicht eingehen, werden wir den Betrag der Rechnung zuzüglich Zinsen und Kosten durch unseren Rechtsanwalt einziehen lassen. Außerdem werden wir das Italienische Konsulat von Ihrem Zahlungsverzug in Kenntnis setzen.

Wir hoffen, daß Sie uns durch umgehende Zahlung diese für beide Teile unangenehmen Maßnahmen ersparen werden.

Hochachtungsvoll

Übungen

1. Lemaire & Cie. in Luxembourg senden am 18. 5. der Firma Seybold & Co. in Hanau einen Kontoauszug zusammen mit einem kurzen Begleitschreiben. Der Kontoauszug weist einen offenen Saldo in Höhe von DM 14.580,– auf.

Die Zahlungserinnerung bleibt unbeantwortet. Lemaire & Cie. schreiben daher am 2. 7. nochmals an Seybold & Co. Falls Seybold & Co. irgendwelche Schwierigkeiten haben, so sollen sie dies mitteilen, damit eine für beide Teile zufriedenstellende Lösung gefunden werden kann.

Seybold & Co. reagieren auch auf das zweite Schreiben nicht. Am 12. 8. wenden sich Lemaire & Cie. ein drittes Mal an die deutsche Firma. Sie geben ihrer Enttäuschung darüber Ausdruck, daß es Seybold & Co. nicht für nötig gefunden haben, auf ihre verschiedenen Zahlungsaufforderungen zu antworten. Sie erklären, daß sie nicht mehr länger warten können und setzen Seybold & Co. eine letzte Frist bis 25. 8. Wenn die Zahlung nicht bis dahin eingeht, sehen sie sich gezwungen, unverzüglich Schritte zur Einziehung des fälligen Betrages zu unternehmen.

Da Seybold & Co. die gesetzte Frist nicht einhalten, teilen Lemaire & Cie. am 27. 8. mit, daß sie die Angelegenheit ihrem Rechtsanwalt übergeben und diesen angewiesen haben, die Forderung, wenn notwendig, auf dem Klageweg einzuziehen.

Aufgabe: Entwerfen Sie das Begleitschreiben zum Kontoauszug sowie die drei weiteren Schreiben von Lemaire & Cie.

2. Die Firma Olaf Andersen in Oslo hat eine Forderung aus einer Warenlieferung in Höhe von DM 6.420,– gegen die Klaus Kaspar KG in Hannover, die bereits vor 8 Monaten fällig war. Sie hat die deutsche Firma bereits viermal gemahnt, aber bisher weder eine Antwort noch eine Zahlung erhalten.

Die Firma Olaf Andersen wendet sich daher an die Industrie- und Handelskammer Hannover und bittet diese, die Klaus Kaspar KG zur Zahlung zu veranlassen. Zur Information der Industrie- und Handelskammer in Hannover legt die norwegische Firma ihrem Schreiben eine Rechnungskopie und Durchschläge ihrer Mahnschreiben bei.

Aufgabe: Entwerfen Sie das Schreiben der Firma Olaf Andersen an die Industrie- und Handelskammer Hannover.

XIII. Zahlungsverzögerung: Antwort auf Mahnung

Die Antwort des Schuldners auf die Mahnung des Gläubigers ist meist die Mitteilung, daß die Zahlung veranlaßt worden ist, verbunden mit einer Entschuldigung für das Versehen. Sollte sich der Schuldner vorübergehend in finanziellen Schwierigkeiten befinden, so bittet er um einen Zahlungsaufschub. Falls ihm dies möglich ist, leistet er eine Abschlagszahlung, um seinen guten Willen zu zeigen. (Bei der Stundung von Forderungen oder der Prolongation von Wechseln hat der Gläubiger das Recht, Zinsen zu berechnen.)

Ein Schuldner, dem es wegen finanzieller Schwierigkeiten nicht möglich ist, seine Schulden prompt zu begleichen, sollte nicht warten, bis er eine Mahnung erhält, sondern sich rechtzeitig mit seinem Gläubiger in Verbindung setzen und versuchen, mit diesem zu einer Einigung zu gelangen.

Musterbriefe

1. Entschuldigungsschreiben

Sehr geehrte Herren,

wir haben Ihr Schreiben vom 6. 2. bezüglich Ihrer Rechnung vom ... über ... erhalten.

Unsere Abteilung Buchhaltung wurde vor etwa 3 Wochen in unser neues Verwaltungsgebäude verlegt. Als Folge der Umzugsarbeiten ist Ihre Rechnung leider übersehen worden.

Wir haben heute unsere Bank angewiesen, den fälligen Betrag auf Ihr Konto zu überweisen, und bitten Sie höflich, die Verzögerung zu entschuldigen.

Mit freundlichen Grüßen

---

2. Antwort auf Mahnung und Bitte um Restlieferung

Betreff
Unser Auftrag Nr. 550 vom 8. 10.
Ihre Rechnung Nr. 3130 vom 5. 12.

Sehr geehrte Herren!

Wir bestätigen dankend den Eingang Ihres Schreibens vom 21. 1. und teilen Ihnen mit, daß wir den Betrag der obigen Rechnung in Höhe von . . . bereits am 18. 1. überwiesen haben. In der Annahme, daß der Betrag inzwischen bei Ihnen eingegangen ist, bitten wir Sie, die Restlieferung unseres Auftrags so schnell wie möglich vorzunehmen.

Mit freundlichen Grüßen

3. Bitte um Wechselprolongation

Sehr geehrte Herren!

Wir bedauern sehr, Ihnen mitteilen zu müssen, daß es uns nicht möglich ist, unser Akzept über . . ., fällig am 15. 3., bei Verfall einzulösen.

Der unerwartete Konkurs eines unserer Kunden verursachte uns größere Verluste, wodurch sich unsere finanzielle Lage vorübergehend verschlechtert hat. Unsere vollen Auftragsbücher geben uns aber die Gewißheit, daß wir bald wieder über genügend flüssige Mittel verfügen werden. Aus diesem Grund wären wir Ihnen sehr zu Dank verpflichtet, wenn Sie den Wechsel bis zum 20. 4. prolongieren könnten. Wir sind bereit, die Wechselsumme mit . . . % zu verzinsen.

Wir hoffen auf Ihr Entgegenkommen und sagen Ihnen schon heute unseren besten Dank.

Mit freundlichen Grüßen

4. Bitte um Stundung

Sehr geehrte Herren!

Wir sind im Besitze Ihres Schreibens vom 22. 6., in dem Sie uns an die seit 4 Wochen fällige Rechnung vom ... über ... erinnern.

Leider ist es für uns z. Z. sehr schwierig, den gesamten Betrag zu begleichen, da wir mit großen Absatzschwierigkeiten zu kämpfen haben. Fast die gesamte Menge Ihrer letzten Lieferung liegt noch unverkauft in unserem Lager. Wir senden Ihnen daher einen Scheck über ... als Abschlagszahlung und wären Ihnen sehr dankbar, wenn Sie uns den Restbetrag bis Ende Juli stunden könnten. Wir erwarten in den nächsten Wochen einige größere Zahlungen, so daß es uns zum genannten Termin sicher möglich sein wird, unsere Verbindlichkeiten zu erfüllen.

Wir hoffen, daß Sie Verständnis für unsere Lage haben werden, und danken Ihnen für Ihr freundliches Entgegenkommen.

Mit freundlichen Grüßen

Anlage
Scheck

Übungen

1. Briefreihe VI, d (← Nr. 2 auf S. 81)

Nach Eingang der Mahnung des Max Hueber Verlags stellt The German Bookstore, Inc. in Tokio fest, daß die Rechnung vom 3. 2. übersehen wurde. Die Buchhandlung entschuldigt sich am 2. 7. für dieses Versehen und teilt mit, daß sie ihre Bank beauftragt hat, den längst fälligen Betrag zu überweisen.

Aufgabe: Entwerfen Sie die Antwort der japanischen Buchhandlung auf die Mahnung des Max Hueber Verlags.

2. Burns & Smith Ltd. in Toronto (Kanada) schreiben der Maschinenfabrik Neuner & Co. in Regensburg am 14. 9., daß es ihnen nicht möglich ist, die am 10. 10. fällige Rechnung über kan.$ 18720 in voller Höhe zu begleichen. Als Ursache für ihre Schwierigkeiten führen sie den schlechten Geschäftsgang in ihrer Branche an. Burns & Smith Ltd. sind bereit, kan.$ 3720 bei Fälligkeit der Rechnung zu bezahlen. Für den Restbetrag soll die Maschinenfabrik einen 60-Tage-Wechsel auf ihre Bank, die Commercial Bank of Ontario, ziehen. Burns & Smith Ltd. haben bereits mit ihrer Bank gesprochen und von dieser die Zusage erhalten, daß sie einen Wechsel der Maschinenfabrik Neuner & Co. über kan.$ 15000 akzeptieren wird. Die kanadische Firma weist darauf hin, daß die Maschinenfabrik durch Diskontierung des Bankakzepts sofort Bargeld bekommen kann, und erklärt sich bereit, die Diskontspesen zu übernehmen.

Aufgabe: Entwerfen Sie das Schreiben von Burns & Smith Ltd. an die Maschinenfabrik Neuner & Co.

XIV. Kreditauskunft

Vor der Belieferung von neuen Kunden gegen Ziel, der Ernennung von Vertretern usw. ist es üblich, Auskünfte über die betreffenden Firmen einzuholen. Die wichtigsten Auskunftstellen sind: Andere Unternehmen und Banken, die mit der Firma in Geschäftsverbindung stehen, und die Handelsauskunfteien.

Meistens gibt der neue Kunde oder die Firma, die sich um eine Vertretung bewirbt, andere Unternehmen oder Banken als Referenzen an, bei denen Erkundigungen eingezogen werden können. Die größeren Handelsauskunfteien verfügen über Auslandsverbindungen und sind daher auch in der Lage, Auskünfte über ausländische Firmen zu geben. Bei der Beschaffung von Informationen über ausländische Unternehmen können dem Exporteur außerdem die eigene Handelskammer sowie die diplomatischen oder konsularischen Vertretungen seines Landes im Ausland behilflich sein.

Musterbriefe

1. Bitte um Kreditauskunft

Betreff   Vertraulich!
Bitte um Auskunft

Sehr geehrte Herren!

Die Firma Calderini & Bianchi in Florenz hat sich um die Alleinvertretung unserer Erzeugnisse in Italien beworben und Sie dabei als Referenz genannt. Falls wir dieser Firma unsere Vertretung übertragen, würden wir ihr Konsignationswaren im Werte von ca. . . . zur Verfügung stellen.

Bevor wir eine Entscheidung in dieser Angelegenheit treffen, möchten wir Sie bitten, uns Näheres über den Ruf und die Vermögenslage der genannten Firma mitzuteilen. Sind die Eigentümer tüchtig und zuverlässig? Können wir nach Ihrer Meinung der Firma einen Kredit in der angegebenen Höhe ohne Stellung von Sicherheiten einräumen? Uns interessiert natürlich auch die Frage, ob Calderini & Bianchi in der Lage sind, den italienischen Markt intensiv zu bearbeiten.

Wir danken Ihnen für Ihre Mühe und sichern Ihnen größte Verschwiegenheit zu. Zu Gegendiensten werden Sie uns stets bereit finden. Ein adressierter Umschlag und ein Internationaler Antwortschein liegen diesem Schreiben bei.

Mit freundlichen Grüßen

Anlagen
Adressierter Umschlag
Internationaler Antwortschein

---

2. Bitte um Kreditauskunft

Vertraulich

Sehr geehrte Herren!

Die auf beiliegendem Zettel angegebene Firma, mit der wir wegen eines größeren Auftrags verhandeln, hat uns Ihren Namen als Referenz genannt. Wir wären Ihnen daher sehr dankbar, wenn Sie uns eine möglichst genaue Auskunft über die Größe des Umsatzes, die finanzielle Lage und die Zahlungsweise dieser Firma geben könnten. Vor allem würde uns interessieren zu erfahren, ob nach Ihrer Ansicht ein Kredit in Höhe von ca. . . . ohne Bedenken gewährt werden kann.

Wir danken Ihnen für Ihre Gefälligkeit und versichern Ihnen, daß wir Ihre Auskunft streng vertraulich behandeln werden. Einen Rückumschlag und einen internationalen Antwortschein legen wir bei.

Mit freundlichen Grüßen

Anlagen
Zettel mit Anschrift
Rückumschlag
Internationaler Antwortschein

---

3. Günstige Auskunft

Betreff
Auskunft

Vertraulich!

Sehr geehrte Herren!

Die in Ihrem Schreiben vom 8. August erwähnte Firma ist uns seit längerer Zeit bekannt. Es handelt sich um ein gut fundiertes Außenhandelsunternehmen, das für eigene Rechnung und als Vertreter für einige namhafte ausländische Firmen tätig ist.

Die Inhaber sind tüchtige und zuverlässige Kaufleute, die über ausgedehnte Geschäftsverbindungen verfügen. Soweit uns bekannt ist, sind sie ihren Verbindlichkeiten stets prompt nachgekommen. Wir glauben daher, daß Sie den gewünschten Kredit ohne Bedenken gewähren können.

Wir bitten um vertrauliche Behandlung dieser Auskunft, für die wir keine Haftung übernehmen.

Mit freundlichen Grüßen

4. Ungünstige Auskunft

Streng vertraulich

Sehr geehrte Herren!

Die in Ihrem Schreiben vom 20. Juni genannte Firma wurde erst vor 2 Jahren gegründet. Seit etwa 6 Monaten gehen die Zahlungen schleppend ein. Wir haben den Eindruck, daß die Firma mit großen Absatzschwierigkeiten zu kämpfen hat. Wie wir aus sicherer Quelle erfahren haben, hat die Firma jetzt eine Hypothek auf ihr Grundstück aufgenommen. Unter diesen Umständen müssen wir Ihnen zur Vorsicht raten.

Wir bedauern, daß wir Ihnen keine bessere Auskunft erteilen können, und bitten um Verschwiegenheit.

Mit freundlichen Grüßen

---

5. Auskunft einer deutschen Bank an ihre ausländische Korrespondenzbank

---

Betreff   Vertraulich!
Auskunft

Mit Bezug auf Ihre Anfrage vom 11. 12. möchten wir Ihnen folgendes über unsere Kundin, die Firma . . ., mitteilen:

Die Angefragte[1] ist eine Aktiengesellschaft mit einem Grundkapital von DM . . ., welches zusammen mit den Rücklagen eine günstige Kapitalausstattung darstellt.

Die Liquidität wird sorgfältig gepflegt, so daß die im Warenumschlag anfallenden kurzfristigen Verbindlichkeiten ordnungsgemäß erfüllt werden können.

Die anfangs dieses Jahres durch Bürgschaftsinanspruchnahme angefallene Verpflichtung ist zufriedenstellend geregelt.

Die Firma erzielte im Jahre 19.. einen Umsatz von ungefähr . . . In Anbetracht der derzeitigen Marktverhältnisse ist die Beschäftigungslage gut. Die Zukunftsaussichten werden zuversichtlich beurteilt.

Wir erteilen diese Auskunft vertraulich und ohne jede Verbindlichkeit.

Hochachtungsvoll

---

[1] = die in der Anfrage genannte Firma

Übungen

1. Die Firma Pineau & Fils in Strasbourg, die elsässische Backwaren herstellt, hat von Gebr. Hausmann in Mainz einen Auftrag in Höhe von ffr 5.000 er-

halten. Die deutsche Firma, die weitere größere Geschäfte in Aussicht gestellt hat, beansprucht 60 Tage Ziel. Als Referenz nennt sie u. a. die Firma Steiner & Co. in Frankfurt/Main, mit der sie schon seit längerer Zeit in Geschäftsverbindung steht. Pineau & Fils schreiben an diese Firma und bitten um Auskunft über die Gebr. Hausmann. Ihrer Anfrage legen sie einen Rückumschlag und einen Internationalen Antwortschein bei.

Aufgabe: Entwerfen Sie die Anfrage der Firma Pineau & Fils an Steiner & Co.

2. Der Banco Español de Crédito in Barcelona erhält von der Commerzbank in Düsseldorf eine Anfrage wegen der Firma Jiménez e Hijos. In ihrer Auskunft macht die spanische Bank Angaben über die Dauer des Bestehens der Firma, die Art des Geschäfts (Export-Import), die Inhaber, die Zahl der beschäftigten Arbeitskräfte, den Jahresumsatz und das Eigenkapital und erwähnt, daß Kredite im handelsüblichen Ausmaß ohne Bedenken gewährt werden können.

Aufgabe: Entwerfen Sie nach eigenen Angaben die Auskunft des Banco Español de Crédito an die Commerzbank.

XV. Auslandsvertreter

Viele Exportfirmen haben Vertreter im Ausland, die – meist als Alleinvertreter – einen bestimmten Markt bearbeiten. In der Praxis werden oft alle Mittlerfirmen im Ausland als Auslandsvertreter bezeichnet, ganz gleich ob sie Handelsvertreter, Kommissionäre oder Händler sind. Die Vertreterfirma kann auch mehrere dieser Funktionen gleichzeitig ausüben.

Der Handelsvertreter hat nach deutschem Recht die Aufgabe, für seinen Auftraggeber Geschäfte zu vermitteln oder in dessen Namen abzuschließen. Der Kommissionär verkauft Waren für Rechnung seines Auftraggebers im eigenen Namen. Im Außenhandel wird der Kommissionär oft Konsignatar genannt. Der Warenbestand, den ihm sein Auftraggeber, der Konsignant, zum Verkauf zur Verfügung stellt, heißt Konsignationslager. Handelsvertreter und Kommissionäre bzw. Konsignatare erhalten für ihre Tätigkeit eine Provision. Der Händler im Ausland kauft die Erzeugnisse des Herstellers und verkauft sie an seine Kunden weiter. Beim Wiederverkauf erzielt er einen Gewinn.

Die Aufgaben des Vertreters sind sehr vielseitig. Neben seiner Vermittlungs- oder Verkaufstätigkeit befaßt er sich auch mit der Werbung, berät seine Kunden, beobachtet die Marktentwicklung usw. Vertreter für Hersteller technischer Erzeugnisse müssen auch in der Lage sein, den Kundendienst zu übernehmen.

Der Exporteur findet ausländische Firmen, die geeignet sind, seine Vertretung zu übernehmen, durch Anzeigen in Außenhandelszeitschriften oder durch Vermittlung der Handelskammer, seiner Bank oder einer anderen in- oder ausländischen Stelle. Auskünfte über die in Frage kommenden Firmen kann er von Auskunfteien, über die eigene Handelskammer oder die diplomatischen oder konsularischen Vertretungen des eigenen Landes einholen. Nach Ernennung des Vertreters wird ein Vertretervertrag oder Agenturvertrag aufgesetzt, der Näheres über die Vertragsparteien, den Gegenstand des Vertrages, das Vertretungsgebiet, die Pflichten des Vertreters, die zu zahlende Provision, die Kündigungsfrist usw. enthält.

Musterbriefe

1. Deutsche Firma möchte Vertretung für schwedische Rechenmaschinen übernehmen

---

Sehr geehrte Herren!

Einer Anzeige in der letzten Nummer des Mitteilungsblattes „Industrie und Handel" der hiesigen Industrie- und Handelskammer entnehmen wir, daß Sie einen Vertreter für den Verkauf Ihres Elektronen-Tischrechners C 700 suchen. Wir interessieren uns sehr für diese Vertretung und glauben, die von Ihnen genannten Voraussetzungen zu erfüllen.

Unsere Firma ist ein auf Büromaschinen spezialisiertes Großhandelsunternehmen, das schon seit über 12 Jahren besteht. Wir sind beim Fachhandel gut eingeführt und können den deutschen Markt intensiv bearbeiten. Neben unserer Hauptniederlassung in München haben wir Verkaufsbüros in Nürnberg, Stuttgart, Frankfurt und Köln. Da wir auch über Reparaturwerkstätten mit erfahrenen Büromaschinenmechanikern verfügen, sind wir in der Lage, für die von uns vertriebenen Geräte den Kundendienst zu übernehmen.

Ihr Elektronenrechner wäre eine wertvolle Ergänzung unseres Verkaufsprogramms. Wegen der fortschreitenden Rationalisierung der Büroarbeit sind wir davon überzeugt, daß sich in der Bundesrepublik gute Verkaufserfolge erzielen ließen.

Da sich unser Verkaufsleiter, Herr Hartwig, im September in Schweden aufhalten wird, könnte gegebenenfalls ein Termin für eine persönliche Unterredung vereinbart werden.

Auskünfte über unsere Firma erhalten Sie von der Dresdner Bank in München und folgenden Firmen:

. . . .

. . . .

Wir würden uns freuen, wenn unser Vorschlag Ihr Interesse fände, und begrüßen Sie in Erwartung Ihrer baldigen Antwort

hochachtungsvoll

2. Deutscher Hersteller erklärt sich bereit, einer holländischen Firma seine Vertretung zu übertragen

---

Sehr geehrte Herren!

Für Ihre Bewerbung danken wir Ihnen sehr. Wir sind gern bereit, Ihnen die Vertretung unserer Erzeugnisse für die Niederlande zu übertragen. Wie Sie wissen, bauen wir seit fast 60 Jahren Regale aus Metall. Unser Produktionsprogramm umfaßt Regale für Läden aller Geschäftszweige, Selbstbedienungsläden, Schaufenster, Musterzimmer, Messen, Büchereien, Werkstätten, Fabriken und Büros. Mit diesem Programm sind wir praktisch konkurrenzlos. Wir haben schon viele Aufträge aus Holland erhalten, und zwar über unsere Düsseldorfer Vertretung. Die steigende Nachfrage nach unseren Regalen in den Niederlanden hat uns bewogen, durch Anzeigen in den Fachzeitschriften einen geeigneten Fachvertreter zu suchen.

Wir glauben, daß Sie für uns der richtige Mann sind. Bitte, machen Sie sich mit unserem Lieferprogramm vertraut. Wir senden Ihnen mit diesem Brief sämtliche Druckschriften. Wir haben unsere Auslandsabteilung schon beauftragt, einen Gesamtprospekt in holländischer Sprache zusammenzustellen. Diese Sonderdruckschrift wird voraussichtlich schon Ende dieses Monats vorliegen.

Unsere selbständigen Auslandsvertreter arbeiten nur auf Provisionsbasis. Bitte, entnehmen Sie die Bedingungen dem beiliegenden Mustervertrag.

Gern erwarten wir Ihre Zusage, daß Sie unsere Regale in den Niederlanden verkaufen wollen. Sie dürfen eine angenehme und erfolgreiche Zusammenarbeit erhoffen.

Mit freundlichen Grüßen

Anlagen
Druckschriften
Mustervertrag

Aus: Winklers Illustrierte, Mai 1966. Winklers Verlag, Gebrüder Grimm, Darmstadt.

---

3. Vertreter macht Vorschläge zur Verbesserung des Absatzes

Sehr geehrte Herren!

Vielen Dank für Ihr Schreiben vom 1. 3., in dem Sie sich nach den Gründen für den Rückgang der Aufträge in den letzten Monaten erkundigen. Diese Entwicklung bereitet auch uns große Sorgen.

Wir möchten gleich eingangs betonen, daß die geringere Zahl von Abschlüssen in unserem Gebiet keineswegs auf ein Nachlassen unserer Bemühungen zurückzuführen ist. Erst vor 6 Wochen stellten wir zwei neue Reisende ein, um den Markt intensiver bearbeiten zu können. Die Konkurrenz unternimmt jedoch große Anstrengungen, uns aus dem Feld zu schlagen. Es wird gemeinsamer energischer Maßnahmen bedürfen, um den verlorenen Boden wiederzugewinnen.

Wir möchten deshalb vorschlagen, so bald wie möglich eine Werbekampagne durch Inserate in der Fachpresse und Drucksachenwerbung durchzuführen. Vielleicht könnte man auch eine Sonderausstellung von AVA-Friseurgeräten veranstalten. Falls Sie einverstanden sind, würden wir die Werbeagentur Behrmann mit der Planung und Durchführung der Kampagne beauftragen. Wir sind bereit, einen Teil der Kosten zu übernehmen.

Zur Verbesserung unserer Wettbewerbsposition würde zweifellos auch die Errichtung eines Konsignationslagers beitragen. Wir wären dann in der Lage, eingehende Aufträge in kürzester Zeit auszuführen. Für den Konsignationsverkauf dürften sich vor allem die kleineren Artikel eignen, die häufig bestellt werden.

Wir sind sicher, daß die vorgeschlagenen Maßnahmen geeignet wären, die Verkaufsergebnisse zu verbessern, und erwarten mit Interesse Ihre Stellungnahme.

Mit freundlichen Grüßen

Übungen

1. Sie haben vom deutschen Konsulat erfahren, daß die Precisa-Werke in Braunschweig einen Vertreter für den Verkauf ihrer Kameras in Ihrem Land suchen.

Aufgabe: Schreiben Sie an die Precisa-Werke und bewerben Sie sich um die Vertretung.

2. Sie suchen einen Vertreter für den Verkauf Ihrer Erzeugnisse in der Bundesrepublik Deutschland. Über Ihre Bank haben Sie erfahren, daß die Firma Möller & Co. in Hamburg eine solche Vertretung sucht.

Aufgabe: Schreiben Sie an Möller & Co. Nennen Sie die Bedingungen, zu denen Sie bereit wären, dieser Firma Ihre Vertretung zu übertragen, und bitten Sie diese Firma, dazu Stellung zu nehmen.

C. ANHANG

Fortlaufendes Wörterverzeichnis deutsch – englisch – französisch – spanisch

Bei der Übersetzung wird jeweils die Bedeutung angegeben, die das Wort in seinem textlichen Zusammenhang hat. Wörter, die zum Grundwortschatz gehören, sind hier nicht aufgeführt.

Muster eines deutschen Geschäftsbriefs

das Bedienungssymbol, –e	control symbol	le symbole (de maniement)	el símbolo (de manejo)
das Farbfernsehgerät, –e	colour television set	le poste de télévision en couleurs, la télévision en couleurs	el colortelevisor, el televisor en color
das Zierblech, –e	decorative plate	la plaque décorative	la chapa ornamental
die Beschriftung, –en	legend	la légende	el rótulo, la rotulación
nach Abstimmung mit unseren Kunden	after consulting our customers	après avoir consulté nos clients	después de consultar con nuestros clientes
die Bedienungsanleitung, –en	operating instructions	les instructions de service	las instrucciones de manejo
der Bescheid, –e	answer, reply	la réponse	la respuesta, la contestación

A. Die äußere Form des deutschen Geschäftsbriefs

der Geschäftsbrief, –e	business letter	la lettre commerciale (= d'affaires)	la carta comercial
die Firma, Firmen	(business) firm	la maison (= firme); la raison (sociale)	la casa (= firma); la razón social
das Briefblatt, ⸗er	letter sheet, letterhead	la feuille de papier à lettre	la hoja, el pliego
die Norm, –en	standard	la norme	la norma
das Format, –e	size	le format	el formato

* kennzeichnet die starken und unregelmäßigen Verben. Verbzusätze (trennbare Vorsilben) sind kursiv gedruckt.

99

die Raumeinteilung	layout	la disposition (du texte)	el layout, la distribución
die Bedruckung	printed items (on the letterhead)	l'impression	la impresión
vereinheitlichen	to standardize	standardiser, normaliser	normalizar, estandardizar
der Deutsche Normenausschuß	German Standards Committee	l'Association Allemande de Normalisation	el Comité de Normas Alemán
die Wiedergabe, -n	reproduction	la reproduction	la reproducción
der Bestandteil, -e	(constituent) part	la partie (constituante)	la parte integrante, el componente
die Anordnung	arrangement	la disposition	la estructura de una carta
1. der Briefkopf, ¨e	printed heading, letterhead	l'en-tête	el membrete
evtl. = eventuell	perhaps	éventuellement, peut-être	quizá, tal vez, acaso
die Anschrift, -en	address	l'adresse	la dirección
der Geschäftszweig, -e	line of business	la branche commerciale, la spécialité	el ramo del negocio
das Gründungsjahr, -e	year of foundation	l'année de fondation	el año de fundación
2. der Empfänger, -	*here:* addressee	le destinataire	el destinatario
die Anrede, -n	*here:* title (of courtesy)	l'appellation, la formule de politesse	el tratamiento (de cortesía)
die Berufsbezeichnung, -en	designation of profession	la dénomination professionnelle	la indicación de la profesión
die Amtsbezeichnung, -en	designation of office	la désignation de la fonction	la indicación del oficio (= cargo)
akademisch	academic	universitaire	académico
der Titel, -	title	le titre	el título
richten an (= adressieren an)	to address to	adresser à	dirigir a
zuleiten	to direct to	transmettre à	hacer llegar a manos de
die Abkürzung, -en	abbreviation	l'abréviation	la abreviatura
zu Händen	**attention of**	à l'attention **de**	a la atención de
Postleitzahl	Postcode, ZIP Code number	le numéro postal, le numéro de code postal	el número-guía postal
das Zustellpostamt, ¨er	addressee's post office	**le bureau de poste distributeur**	la oficina de correos de distribución

der Postbezirk, –e	postal district	le quartier	el distrito postal
das Postfach, ⸚er	post-office box	la boîte postale	el apartado de correos, la casilla de correo
der Vermerk, –e	notation, note	l'indication (= mention)	c la indicación para correos
postlagernd	poste restante	poste restante	lista de correos, en lista de c., posterrestante
die Abholung (der Post)	collection (of the mail)	le retrait (du courrier)	la recogida (de correos) por parte del destinatario
das Bestimmungsland, ⸚er	country of destination	le pays de destination	el país de destino
das Absenderland, ⸚er	sender's country	le pays d'origine (= de l'expéditeur)	el país del remitente
die Anweisung, –en	order, instruction	l'instruction, l'ordre	e la instrucción, la indicación
z.B. = zum Beispiel	for example	par exemple	por ejemplo
Mit Luftpost	By Air Mail	Par avion	Por avión
Einschreiben	Registered (Mail)	Recommandé	Certificado
3. das Bezugszeichen, –	reference	la référence	la referencia, el número de la carta
das Diktatzeichen, –	reference initials	les initiales de référence	las iniciales (del que dicta la carta)
Bezug nehmen* auf	to refer to	se référer à	referirse a
der Ansager, –	dictator (of a letter)	le rédacteur	el que dicta la carta
die Schreibkraft, ⸚e	secretary or shorthand-typist	la dactylo(graphe), la secrétaire	la taquimecanógrafa
die Abteilung, –en	department	le département, la section	el departamento, la sección
bezeichnen	to designate, to indicate	spécifier, indiquer	indicar
der Zusatz, ⸚e	addition	l'indication supplémentaire	la adición, el suplemento
das Leitwort, ⸚er	reference heading	la mention de référence	la indicación de referencia
der Firmenbogen, ⸚	letter sheet, letterhead	le papier à lettre	el pliego con razón social impresa
erleichtern	to make easier, to facilitate	faciliter	facilitar
die Bearbeitung der Korrespondenz	handling of correspondence	le traitement de la correspondance	la tramitación de la correspondencia

4. der Betreff, –e	subject	l'objet	el asunto
stichwortartig die Inhaltsangabe, –n	brief, concise indication of the contents	en peu de mots le contenu	en breves palabras el resumen, la indicación del contenido
der Betreff-Vermerk, –e	subject line	les indications concernant l'objet	la línea de asunto
5. die Anrede, –n	salutation	l'appellation	el saludo, la fórmula de saludo, el saludo inicial
*weg*lassen*	to omit	omettre, supprimer	suprimir, omitir
die Behörde, –n	(public) authority	l'autorité, l'administration	la autoridad, las autoridades
6. der Brieftext, –e	body of the letter	le texte de la lettre	el texto de la carta
übersichtlich, damit der Brief ~ wird	(in order) to give the letter a well-ordered appearance	pour rendre la lettre plus claire, pour plus de clarté	para darle a la carta claridad
die Zeile, –n	line	la ligne	la línea
der Absatz, "e	paragraph	le paragraphe	el párrafo
7. die Grußformel, –n	complimentary close	la formule (de salutation) finale	la despedida, la fórmula final
8. die Unterschrift, –en	signature	la signature	la firma
mit der Maschine schreiben*	to type	écrire à la machine	mecanografiar, escribir a máquina
der Firmenname, –n	firm name	la raison sociale	la antefirma
der Unterzeichner, –	undersigned	le signataire, le soussigné	el firmante
der Handlungsbevollmächtigte, –n	employee having limited power of procuration	le mandataire commercial	el apoderado especial
der Prokurist, –en	employee having full power of procuration	le fondé de pouvoir	el apoderado general
9. der Anlagevermerk, –e	enclosure notation	l'indication de l'annexe	la indicación de anexos
die Anlage, –n	enclosure	l'annexe	el anexo
der Schrägstrich, –e	(diagonal) stroke	le trait oblique	la raya (= barra) oblicua

102

B. Arten von Geschäftsbriefen

I. Firmennachweis

der Abnehmer, – (= der Käufer, der Kunde)	buyer, customer	l'acheteur, le client, l'acquéreur, le preneur	el comprador, el cliente
der Lieferer, –; der Lieferant, –en	supplier	le fournisseur	el suministrador, el proveedor, el abastecedor
der Vertreter, –	representative, agent	l'agent, le représentant	el representante, el agente
die Stelle, –n	*here:* office, organization, institution, etc.	le bureau, l'organisation, l'institution	la oficina, la organización, la institución
jem. um Nachweis von Firmen (= Firmennachweis) bitten*	to ask s.b. to furnish names and addresses of firms	demander à qn la liste des fournisseurs (noms et adresses)	pedir a alg. la indicación de casas suministradoras (= proveedoras)
geeignet	suitable	apte, convenable	adecuado
u.a. = unter anderem	among others (*or* other things)	entre autres (choses)	entre otras (cosas)
die Handelskammer, –n	chamber of commerce	la chambre de commerce	la cámara de comercio
der Fachverband, ¨e	trade association	l'association (= le groupe) professionnelle	la asociación profesional
die Bank, –en	bank	la banque	el banco
diplomatisch	diplomatic	diplomatique	diplomático
konsularisch	consular	consulaire	consular
die Vertretung, –en	*here:* mission	la représentation	la representación
die Wirtschaftsorganisation, –en unterhalten*	economic organization maintain	l'organisation économique entretenir	la organización económica mantener

Musterbriefe

1. die Maschinenfabrik, –en	manufacturer(s) of machinery	l'usine de construction mécanique	la fábrica de maquinaria
die Handelsvertretung, –en	*here:* trade mission	la représentation commerciale	la representación comercial
der Hersteller, –	manufacturer, producer	le fabricant, le producteur	el fabricante
die Spezialmaschine für Holzbearbeitung	special-purpose woodworking machine	la machine spéciale à travailler le bois	le máquina especial para trabajar (= labrar) la madera

103

in Verbindung treten*	to enter into contact	se mettre en rapport avec qn	ponerse en contacto con
Bedarf haben*	to require, to be in the market for	avoir besoin de	tener necesidades de
der Überblick, -e	survey, outline	la vue d'ensemble	la visión de conjunto, el cuadro sinóptico
das Fertigungsprogramm, -e	range of products	le programme de production	el programa de fabricación
beilegen	to enclose	annexer, inclure, joindre	adjuntar, incluir, acompañar, enviar en anexo
der Prospekt, -e	leaflet, folder	le prospectus	el prospecto
die Herstellung	manufacture, production	la fabrication	la fabricación
spezialisiert sein auf	to be specialized in	être spécialisé dans	estar especializado en
verfügen über	to have, to have at one's disposal	disposer de, avoir à disposition	disponer de, tener a disposición
die Erfahrung, -en	experience	l'expérience	la experiencia
das Erzeugnis, -se	product	le produit	el producto
sich wenden* an	to write to, to communicate with, to get in touch with	se mettre en rapport avec, prendre contact avec qn	dirigirse a, ponerse en contacto con alg.
2. das Damenkostüm, -e	lady's suit	le (costume) tailleur	el traje chaqueta, el traje sastre
laufend Bedarf haben*	to require regularly	avoir un besoin permanent de	tener necesidades continuas de
der Wollstoff, -e	woollen material	l'étoffe de laine	la tela de lana
die Textilfabrik, -en	textile mill	l'usine de textiles	la fábrica de tejidos
das Angebot, -e	offer	l'offre	la oferta
Angebote einholen	to invite offers	demander des offres	pedir ofertas
zuverlässig	reliable	sérieux, digne de confiance	seguro, de confianza
die Branche, -n	line of business, trade	la branche, la spécialité	el ramo

Übungen

1. automatisch	automatic	automatique	automático
der Webstuhl, ⁀e	loom	le métier à tisser	el telar
die Botschaft, -en	embassy	l'ambassade	la embajada

104

jem. verweisen* an entwerfen*	to refer s.b. to to draft	renvoyer qn à **rédiger**	referir (remitir) a alg. a proyectar, diseñar
2. die Taschenlampe, –n die Batterie, –n	electric torch, flashlight battery	la lampe de poche **la pile, la batterie**	la lámpara de bolsillo la batería para linternas, pila de linterna
der Transformator, –en der Importeur, –e die Auskunftsstelle, –n	transformer importer source of information, reference	le transformateur l'importateur **la référence**	el transformador el importador la fuente de información, referencia

II. Anfrage

die Anfrage, –n, der Käufer *anfordern*, der Käufer fordert einen Katalog an der Katalog, –e die Preisliste, –n das Muster, – ausführlich unverbindlich	inquiry the buyer asks for a catalogue to be sent to him catalogue price list sample, pattern detailed not binding, without engagement	**la demande** (d'offre) l'acheteur demande l'envoi d'un catalogue le catalogue le prix-courant l'échantillon **détaillé** **sans engagement**	la demanda, la petición de oferta el comprador pide el envío de un catálogo (= que le manden un c.) el catálogo la lista (el boletín) de precios la muestra detallado, amplio, detalladamente sin compromiso
eine Anfrage richten an	to address an inquiry to	adresser une demande à, demander à	dirigir una demanda a, demandar a
die Bezugsquelle, –n	source of supply	la source d'approvisionnement	la fuente de compra, la casa proveedora

Musterbriefe

1. die Weberei, –en	weaving mill	l'usine de tissage	la tejeduría
die Qualität, –en gängig	quality in frequent demand	la qualité **courant, demandé par la clientèle**	la calidad corriente, fácil de vender

die Angaben (*Pl.*)	information, details	les informations, les détails	las indicaciones, los detalles
die Lieferzeit, –en	time of delivery, delivery period	le délai de livraison	el plazo de entrega
die Lieferungsbedingung, –en	terms of delivery	les conditions de livraison	las condiciones de entrega
die Zahlungsbedingung, –en	terms of payment	les modalités de paiement	las condiciones de pago
die Auskunft, ̈e	information	les renseignements	la información, el informe
konkurrenzfähig	competitive	compétitif, concurrentiel	competitivo
die Geschäftsverbindung, –en	business connection	les relations commerciales	las relaciones comerciales
2. die Sonderanfertigung, –en	manufacture to customer's specification	la fabrication spéciale (selon spécifications du client)	la fabricación especial (según especificación por parte del cliente)
der Stand, ̈e (*auf der Messe*)	stand, booth	le stand	el stand
die Messe, –n	fair	la foire	la feria
der Verkaufsleiter, –	sales manager	le chef de vente	el jefe de ventas
vollautomatisch	fully automatic	entièrement automatique	totalmente automático
die Bohr- und Gewindeschneidmaschine, –n	drilling and tapping machine	la perceuse-taraudeuse	la taladradora-roscadora
der Termin, –e	date	la date	la fecha
die Verkaufsbedingung, –en	terms of sale	les conditions de vente	las condiciones de venta
sich erkundigen über	to make inquiries about	se renseigner sur qn, demander des renseignements	informarse de, recoger información sobre alg.
beziehen* (= kaufen)	to buy, to purchase	acheter, acquérir	comprar
3. die Zuchtperle, –n	cultured pearl	la perle de culture	la perla cultivada
die Anzeige, –n	advertisement	l'annonce	el anuncio
entnehmen*, wir ~ Ihrer Anzeige	we see from your advertisement	nous voyons par votre annonce	vemos por su anuncio, deducimos de su anuncio
erstklassig	first-class	de première qualité, de premier choix	de primera clase, de primera calidad
gebohrte Perle	pierced pearl	la perle forée	la perla horadada

Übungen

| 1. das Elektrogerät, –e | electrical appliance | l'appareil électrique | el aparato eléctrico |

importieren	to import	importer	importar
vertreiben* (= verkaufen)	to sell, to distribute	débiter, vendre	vender, distribuir
sich beziehen* auf	to refer to	se référer à, se rapporter à	referirse a
die Industrieausstellung, –en	industrial exhibition	l'exposition industrielle	la exposición industrial
der Transistorkoffer, –	portable radio	le transistor, le poste de radio portatif	el transistor, la radio portátil transistorizada
das Tonbandgerät, –	tape recorder	le magnétophone	el magnetófono, el magnetofón
hochwertig	high-grade, first-class	de haute qualité	de alta calidad
2. die Spielwaren (*Pl.*)	toys	les jouets	los juguetes
das Generalkonsulat, –e	consulate general	le consulat général	el consulado general
die äußersten Preise	the keenest prices	les derniers prix	los precios más módicos
3. die Büromaschine, –n	office machine	la machine de bureau	la máquina de oficina
die Großhandelsfirma, Großhandelsfirmen	wholesale firm	la maison de (commerce en) gros	el almacén al por mayor, la casa mayorista
die Exportzeitschrift, –en	export journal	la revue d'exportation	la revista de exportación
das Kopiergerät, –e	copying machine	l'appareil à copier	el aparato de copiar, el copiador
die Alleinvertretung, –en	sole agency	la représentation exclusive	la representación exclusiva
jem. die Alleinvertretung übertragen*	to confer the sole agency on s.b.	confier la représentation exclusive à qn	conceder a alg. la representación exclusiva

III. Angebot

die Offerte, –n	offer	l'offre	la oferta
der Anbietende, –n	offeror	le fournisseur (**éventuel**)	el oferente
die Ware, die Waren	commodity, merchandise, goods	la marchandise, l'article	la mercancía, el artículo, el género, la mercadería
liefern	to deliver, to supply	fournir, livrer	suministrar
das verlangte Angebot	solicited offer	l'offre sollicitée	la oferta solicitada
der Interessent, –en	prospective customer	l'intéressé, l'acheteur probable	el interesado, el cliente en potencia

das unverlangte Angebot	unsolicited offer, voluntary offer	l'offre non sollicitée (=spontanée)	la oferta no solicitada
ein Angebot *ab*geben*	to make an offer	soumettre une offre	hacer una oferta, someter una oferta
verbindlich	binding	ferme	en firme, con compromiso
*an*nehmen*	to accept	accepter	aceptar
befristet	*here:* firm for a limited period of time	limité, valable pour une période limitée	(oferta) limitada
die Frist, –en	period of time	le terme, le délai	el plazo
gültig	valid	valable	válido
freibleibend, unverbindlich	without engagement	sans engagement	sin compromiso, salvo venta
die Klausel, –n	clause	la clause	la cláusula
*ein*schränken*	to restrict, to limit	limiter, restreindre	restringir, limitar
*aus*schließen*	to exclude	exclure	excluir
solange Vorrat reicht	as long as the stocks last	jusqu'à épuisement du stock	en tanto haya existencias
Preisänderungen *vor*behalten*	the prices are subject to alteration	sous réserve de modifications des prix	nos reservamos el derecho de modificar los precios
ohne Verbindlichkeit	without engagement	sans engagement	sin compromiso
der Erfüllungsort, –e	place of fulfilment, place of performance	le lieu d'exécution	el lugar de cumplimiento
der Gerichtsstand, ⸚e	place of the court having jurisdiction (in the event of disputes)	le tribunal compétent	el tribunal competente
die Probe, –n	sample	l'échantillon, le spécimen	la muestra
die allgemeinen Geschäfts-bedingungen	general terms and conditions	les conditions générales de vente	las condiciones comerciales generales
das Angebotsformular, –e	quotation form	le formulaire d'offre	el boletín de oferta
das Auftragsbestätigungs-formular, –e	acknowledgment form	le formulaire de confirmation de la commande (= d'accusé de réception de commande)	la nota de confirmación del pedido
das Rechnungsformular, –e	invoice form	la formule de facture	el formulario de factura
Bedingungen *auf*stellen	to formulate conditions, to set terms	poser des conditions	poner condiciones
der Maschinenbau	machinery industry	la construction mécanique	las construcciones mecánicas

der Verkäufer, –	seller	le vendeur	el vendedor
der Vertragsabschluß, ⸚e	conclusion of a contract	la conclusion d'un contrat	la conclusión de un contrato
der Werbebrief, –e	sales letter	la lettre (= circulaire) publicitaire	la (carta) circular de publicidad
die Bestellung, –en	order	la commande	el pedido, el encargo
jem. zu einer Bestellung veranlassen	to induce s.b. to place an order	déterminer qn à passer une commande	inducir a alg. que haga un pedido
das Interesse wecken	to arouse interest	éveiller, susciter l'intérêt	despertar el interés de alg.
das Verfahren, –	*here:* process	le procédé, la manière d'agir	el procedimiento
vervielfältigen	to duplicate	polycopier	multiplicar, sacar a multicopista
illustriert	illustrated	illustré	ilustrado
die Werbedrucksache, –n	printed advertising matter	l'imprimé publicitaire	el impreso publicitario
ab Werk, ab Fabrik	ex works, ex factory	pris(e) à l'usine, départ usine	ex works, ex (sobre) fábrica
ab Lager	ex warehouse	pris(e) en magasin	franco almacén, vendido en almacén
frei Waggon	free on rail	franco (sur) wagon, chargé sur wagon	puesto en vagón, franco vagón, franco sobre vagón
frachtfrei, Fracht bezahlt	carriage paid, freight paid	franco de port, port payé	a porte pagado, flete pagado, libre de porte
unfrei, Fracht zu Lasten des Empfängers	carriage (*or* freight) forward, freight collect	non affranchi, en port dû	a porte debido
frei Grenze	franco frontier	franco frontière	franco frontera
geliefert deutsch-französische Grenze	delivered at German-French frontier	franco frontière franco-allemande	franco frontera germano-francesa
frei Haus	franco domicile, free buyer's address	franco (à) domicile	franco domicilio
geliefert Kopenhagen verzollt	delivered Copenhagen, duty paid	franco Copenhague, droits de douane acquittés	franco Copenhague, derechos de aduana pagados
Zoll zu Lasten des Käufers	duty for buyer's account	droits de douane à charge de l'acheteur	derechos de aduana a cargo del comprador
die Vorauszahlung, die Vorauskasse	payment in advance, cash in advance	le paiement par anticipation, le versement anticipé	el pago (por) adelantado (anticipado)
Kasse bei Auftragserteilung	cash with order	comptant à la passation de la commande	al contado al hacer el pedido

die Anzahlung, –en	down payment	l'acompte	el pago inicial
netto Kasse	net cash	comptant sans escompte (net)	neto al contado
gegen Nachnahme	cash on delivery	contre remboursement	contra rembolso
30 Tage Ziel	30 days' credit	(payable) à 30 jours	con plazo de 30 días
der (oder das) Skonto, Skonti	cash discount	l'escompte	el descuento
das Dreimonatsakzept, –e	three months' acceptance	l'acceptation à trois mois, la traite acceptée à trois mois	la letra aceptada a tres meses
das Bankakzept, –e	bank acceptance	l'acceptation bancaire, la traite acceptée par une banque	la aceptación bancaria, la letra aceptada por un banco
Kasse gegen Dokumente	documents against payment, cash against documents	comptant contre documents	al contado contra documentos
Dokumente gegen Akzept	documents against acceptance	documents contre acceptation	documentos contra aceptación
das unwiderrufliche und bestätigte Dokumentenakkreditiv	irrevocable and confirmed documentary (letter of) credit	le crédit documentaire irrévocable et confirmé	el crédito documentario irrevocable y confirmado
zu unseren Gunsten	in our favour	en notre faveur	a nuestro favor
auszahlbar bei ...	payable at ...	payable à (la banque de ...)	pagadero en (el banco de ...)

Musterbriefe

1. anbieten*	to offer	offrir	ofrecer
die Preise verstehen* sich	the prices are (quoted)	les prix s'entendent	los precios se entienden
fob Hamburg	f.o.b. Hamburg	fab (fob) Hambourg	fab Hamburgo
seemäßig	seaworthy	maritime	marítimo
die Verpackung, –en	packing	l'emballage	el embalaje
die Versicherungsspesen (*Pl.*)	insurance charges	les frais d'assurance	los gastos de seguro
sich belaufen* auf	to amount to	s'élever à, se chiffrer à	ascender a, ser de
sich ein Recht *vor*behalten*	to reserve a right	se réserver un droit	reservarse un derecho
der Satz, ¨e	*here:* rate	le taux (de fret et d'assurance)	el tipo (de flete y seguro)
berechnen	to charge	facturer, charger	cargar, cargar en cuenta
die Akkreditivbestätigung, –en	confirmation of a letter of credit	la confirmation d'un crédit documentaire	la confirmación de un crédito documentario
als Postpaket	by parcel post	par colis postal	por paquete postal
die Absatzmöglichkeit, –en	sales possibility	la possibilité de vente, le débouché	la posibilidad de venta

2. die programmgesteuerte Fräsmaschine	programme-controlled milling machine	la fraiseuse à commande programmée	la fresadora de ciclo automático (de mando por programa)
die Garantiebedingungen	terms of guarantee	les conditions de garantie	las condiciones de garantía
der Mangel, ⸚	defect	le défaut, le vice	el defecto, el vicio
der Materialfehler, –	defect in the material, faulty material	le défaut (vice) de matière	el defecto del material
der Arbeitsfehler, –	faulty workmanship	le travail défectueux	el trabajo defectuoso
kostenlos	free of charge	sans frais, gratuit	gratuito
die Anlage, –n	*here:* plant, equipment	l'installation, l'établissement	el equipo, la instalación
das Exemplar, –e	copy	l'exemplaire	el ejemplar
die Aufstellung	*here:* installation	l'installation, le montage	la instalación
die Inbetriebnahme	putting into operation	la mise en exploitation, la mise en marche	la puesta en marcha, la puesta en servicio
der Fachmann, Fachleute	expert	l'expert, le spécialiste	el experto, el perito, el especialista
3. der Projektor, –en; der Projektionsapparat, –e	projector	le projecteur, l'appareil de projection	el proyector, el aparato de proyección
die Drucksache, –n	printed matter	l'imprimé, les imprimés	el impreso, los impresos
das Prospektmaterial	descriptive literature	les prospectus, le matériel publicitaire	el material de propaganda (= publicitario)
der Erstauftrag, ⸚e	first order, initial order	le premier ordre, la première commande	el primer pedido
die Nachbestellung, –en	repeat order	la commande supplémentaire	el pedido sucesivo
die Referenz, –en	reference	les références, les recommandations	la referencia, las referencias
die Proforma-Rechnung, –en	pro-forma invoice	la facture proforma	la factura proforma
die Importlizenz, –en	import licence	la licence d'importation	la licencia de importación
eine Lizenz einholen	to obtain a licence	solliciter une licence	solicitar una licencia
der Probeauftrag, ⸚e	trial order	la commande (à titre) d'essai	el pedido de prueba
4. die Modelleisenbahn, –en	model railway	le train miniature	el ferrocarril modelo
die Autorennbahn, –en	motor racing track	l'autodrome miniature	la pista miniatura para coches carrera

das Verkaufssortiment	range of goods handled	l'assortiment (des articles de vente)	el surtido de artículos de venta
jem. mit etw. beliefern	to supply s.b. with s.th.	livrer, fournir qc à qn	proveer a alg. u.c., abastecer, surtir a alg. de u.c.
z. Z. = Zur Zeit	at present	à présent, actuellement	actualmente
der Rabatt, -e	discount	le rabais	la rebaja, la bonificación
zu Selbstkosten	at cost	au prix de revient	al precio de coste
in Rechnung stellen	to bill, to invoice	porter qc en compte	cargar en cuenta de
die Überweisung, -en	(bank) transfer	le transfert, le virement	la transferencia
der Auftrag, "e	order	la commande, l'ordre	el pedido, el encargo, la orden

Übungen

1. das Stück, -e	piece	la pièce, l'unité	la pieza, la unidad
(aber: 5 Stück Tweed)			
mit gleicher Post	under separate cover	par le même courrier	con el mismo correo
der Lastkraftwagen, -; der LKW, -s	lorry, van, truck	le camion	el camión
der Spediteur, -e	forwarding agent	le commissionnaire de transport, le commissionnaire-expéditeur	el agente de transportes
2. die Verladung, -en	shipment	le chargement, l'embarquement	el embarque
3. die Ölsardine, -n	oil sardine	la sardine à l'huile	la sardina en aceite
die Dose, -n	tin, can	la boîte de conserves	la lata
der Nettoinhalt	net contents	le poids net	el peso neto
4. das Eisenfaß, "er	iron drum	le fût en tôle, le tonneau en tôle	el tonel, el barril de hierro
Zwischenverkauf vorbehalten*	subject to prior sale, subject to being unsold	sauf vente	salvo venta

IV. Bestellung

eine Bestellung (oder einen Auftrag) erteilen	to place an order	passer commande (de)	pasar un pedido, hacer un pedido

der Kaufvertrag, ⸚e	contract of sale	le contrat de vente	el contrato de compraventa
abweichen von*	to deviate from	différer de	diferir de
das Vertragsangebot, –e	offer to enter into a contract	l'offre de contrat	la oferta de un contrato
das Gegenangebot, –e	counter-offer	la contre-offre	la contraoferta
ablehnen	to refuse, to decline	décliner, refuser	rehusar, rechazar
eine Bestellung *widerrufen**	to revoke an order	révoquer (annuler) une commande	revocar (anular) un pedido
der Widerruf	revocation	la révocation, l'annulation	la anulación
von einem Angebot Gebrauch machen	to make use of an offer	profiter d'une offre	hacer uso de una oferta

Musterbriefe

1. **anbei**	enclosed	**ci-inclus, ci-joint**	adjunto, en anexo
aufführen	to show, to state, to list	spécifier	indicar
der Artikel, –	article	l'article	el artículo
überzeugt sein	to be convinced	être convaincu	estar convencido
2. **die Spedition, –en**	forwarding agency	l'agence de transport, l'entreprise de transport	la agencia de transportes
3. **das Fernschreiben, –**	teletype message	le télex	el telex
der Teilnehmer, –	*here:* subscriber	l'abonné	el abonado de telex
die Vermittlungsstelle, –n	*here:* teletype exchange	le central télex	la central de teletipo
das Kennwort, –⸚er	code word	l'indicatif d'appel	la indicativa
4. **das Einrichtungshaus, ⸚er**	home furnishing store	la maison d'ameublement	almacenes de artículos domésticos
die Versandart, –en	method of transport	le mode d'expédition	el modo de transporte (= de envío)
Preis je Einheit	price per unit	le prix unitaire	el precio unitario (= por unidad)
der Gesamtpreis	extension, total price	le prix global	el precio total

Eiche (= Eichenholz)	le bois de chêne	oak	el roble, la madera de roble
geräuchert	fumé	fumed	ahumado
5. die Sendung, –en	l'envoi, l'expédition	consignment, shipment	el envío, el despacho
beauftragen	charger qn de qc, commettre	to instruct	encargar a alg. de u.c., dar orden a
ausfallen, wenn... zu unserer Zufriedenheit ausfällt	convenir, si... nous convient (= nous satisfait)	if... turns out to our satisfaction	convenir, si... nos conviene (nos satisface)
7. drahten (= telegrafieren)	télégraphier	to wire	telegrafiar
streichen*	annuler	to cancel	anular, cancelar
versehentlich	par erreur, par inadvertance	by mistake	por equivocación, por descuido
8. die Ablehnung, –en	le refus	refusal	el rechazo
der Lagerbestand, ⁼e	le stock	stock of goods	las existencias, el stock
die Gemüsekonserve, –n	les légumes en conserve	tinned vegetables, canned vegetables	la conserva vegetal

Übungen

1. eine Bestellung herausschreiben*	établir une commande	to make out an order	hacer un pedido
widerstandsfähig	résistant, robuste	*here:* strong, sturdy	fuerte, robusto
der Einfuhrzoll, ⁼e	le droit d'entrée, le droit à l'importation	import duty	los derechos de importación
das Bruttogewicht, –e	le poids brut	gross weight	el peso bruto
das Packstück, –e	le colis	package	el bulto
beschriften	marquer	to mark	marcar
die Auftragsbestätigung, –en	la confirmation de la commande	acknowledgment of an order	la confirmación del pedido
einer Bank den Auftrag zur Eröffnung eines Akkreditivs erteilen	demander à une banque l'ouverture d'un crédit documentaire	to instruct a bank to open a letter of credit	dar orden a un banco para que abra crédito documentario

2. *an*weisen*	to instruct	instruire, donner des ordres à	dar instrucciones a
das Konto, Konten	account	le compte	la cuenta
*über*weisen*	to transfer, to remit	virer	transferir
versandbereit	ready for dispatch	prêt à être expédié	listo para ser despachado
3. per Luftfracht	by air freight	par fret aérien, par avion	por flete aéreo

V. Auftragsbestätigung

einen Vertrag schließen*	to conclude a contract	conclure un contrat	concluir un contrato
die förmliche Annahme	formal acceptance	l'acceptation formelle	la aceptación formal
Mißverständnisse *aus*schließen*	to avoid misunderstandings	exclure des malentendus, prévenir (éviter) tout malentendu	evitar (excluir) errores (equivocaciones)
die Versandanzeige, –n	advice of dispatch	l'avis d'expédition	el aviso de expedición
lieferbar	available	livrable, à livrer	suministrable
als Ersatz *an*bieten*	to offer as a substitute	offrir en remplacement	ofrecer en sustitución

Musterbriefe

1. der Belichtungsmesser, –	exposure meter	le posemètre	el exposímetro
2. eine Bestellung notieren	to enter (*or* book) an order	prendre bonne note d'un ordre	anotar un pedido
die Versicherung, –en	insurance	l'assurance	el seguro
die Akkreditivbestätigung, –en	confirmation of a letter of credit	la confirmation de l'ouverture d'un crédit documentaire	la confirmación de la apertura de un crédito documentario
der Versandbehälter, –	shipping container	le récipient, le container	el recipiente, el container
bituminieren	to bituminize	bitumer	bituminizar
das Klebeband, ⁼er	adhesive tape	le ruban adhésif, la bande adhésive	la cinta engomada
das Stahlband, ⁼er	steel strap	la bande (le ruban) en acier	el fleje

die Verpackungsart, –en	method of packing	le mode d'emballage	la clase de embalaje
die Holzkiste, –n	wooden case	la caisse en bois	la caja (el cajón) de madera
3. der Restbetrag, ⸗e	balance (of an amount)	le solde	la suma restante, el saldo, el remanente
4. der Karton, –s	carton	le carton	la caja de cartón
die Beschriftung, –en	marks, marking	l'inscription	las marcas, el marcado
dreifach	in triplicate	triple, en triple exemplaire	triple, por triplicado
die Packliste, –n	packing list	la liste des marchandises emballées	la lista de mercancía embalada
der Luftfrachtbrief, ⸗e	air waybill, air consignment note	la lettre de transport aérien	la carta de porte aéreo, el conocimiento aéreo
5. umseitig	overleaf, on the reverse	au verso	a la vuelta, al dorso
die Warenbezeichnung, –en	designation of the goods	la désignation de la marchandise	la designación de las mercancías
der Ton	clay	l'argile, la terre glaise	la arcilla, el barro cocido
der mehrfache Papiersack	multi-ply paper bag	le sac en papier de plusieurs couches	el saco de papel de varias capas
à 25 kg	25 kilos each	de 25 kg (le sac)	de 25 kilogramos cada uno
die Markierung, –en	marks, marking	le marquage	el marcado
auf etw. basieren	to be based on s.th.	se baser, se fonder sur	basarse en, fundarse en
die Bahnfracht	railway carriage, railroad freight	le prix du transport ferroviaire	los gastos de transporte por ferrocarril
zahlbar	payable	payable	pagadero
ohne Abzug	without deduction	sans déduction	sin deducción
6. das Stereoauswertegerät, ⸗e	stereoplotter	le stéréo-photocartographe	el estéreo-fotocartógrafo
die (Land-)Karte, –n	map	la carte géographique	el mapa
die Luftaufnahme, –n	aerial photograph	la prise de vue (= photographie) aérienne	la aerofoto
die Bestell-Nr.	order number	le numéro de commande	el número del pedido

der Satz	*here:* set	la série, le jeu, la garniture	el juego, la serie
das Auswertezubehör	plotting accessories	les accessoires de photocarto-graphie	el equipo accesorio de fotocartografía
unverzollt	duty for buyer's account	non dédouané	derechos de aduana no pagados
die Umrechnung, –en	conversion	la conversion	la conversión
der Wechselkurs, –e	exchange rate	le cours du change	el (tipo de) cambio
die Kursschwankung, –en	exchange rate fluctuation	la fluctuation (variation) des cours	las oscilaciones (fluctuaciones) en los cambios
die Anpassung, –en	adjustment	le rajustement	el ajuste
das Versanddokument, –e	shipping document	le document d'embarquement, le document d'expédition	el documento de embarque
gegen Vorlage der Versanddokumente	against presentation of the shipping documents	sur présentation des documents d'embarquement	contra presentación de los documentos de embarque
die Verkaufsbedingungen	terms of sale	les conditions de vente	las condiciones de venta
7. *an*steigen* (*Preise*)	to rise	monter, augmenter	subir
der Lohn, ⸚e	wage, wages	le salaire	el salario
das Gehalt, ⸚er	salary	le traitement	el sueldo
überprüfen	to re-examine	réviser, revoir	examinar
die Position, –en	*here:* item	la position, le poste	la posición, la partida
die Kostenerhöhung *auf*fangen*	to absorb the increase in costs	absorber l'augmentation des frais	compensar (absorber) el aumento de los costes
in fünffacher Ausfertigung	in quintuplicate	en cinq exemplaires	quíntuplo, por quintuplicado

Übungen

2. das Abladegewicht	shipping weight	le poids à l'embarquement, le poids embarqué	el peso de salida, el peso de la mercancía a su salida
der Verschiffungshafen, ⸚	port of shipment	le port d'embarquement	el puerto de embarque
der Bestimmungshafen, ⸚	port of destination	le port de destination	el puerto de destino
die Arbitrage	arbitration	l'arbitrage	el arbitraje
die Streitigkeit, –en	dispute	le litige, le différend	el litigio, la controversia

117

VI. Versandanzeige und Rechnung

die Rechnung, –en	bill, invoice	la facture	la factura
der Wechsel, –	bill of exchange	la lettre de change	la letra de cambio
der nichtdokumentäre Wechsel	clean bill of exchange	la lettre de change non documentaire	la letra de cambio no documentaria
der dokumentäre Wechsel	documentary bill of exchange	la lettre documentaire	la letra de cambio documentaria
die Dokumententratte, –n	documentary draft	la traite documentaire	la letra de documentación
akzeptieren	to accept	accepter	aceptar
die Trattenankündigung, –en; das Trattenavis, –e	advice of bill drawn	l'avis de traite, l'avis de disposition	el aviso de giro
die Faktura, Fakturen	invoice	la facture	la factura
der Vordruck, –e	printed form	la formule imprimée, l'imprimé, le formulaire	el impreso, el formulario
die Forderung, –en	claim, amount charged	la créance	el crédito
der Außenhandel	foreign trade	le commerce extérieur	el comercio exterior
die Handelsrechnung, –en	commercial invoice	la facture commerciale	la factura comercial
die Zollfaktura, –fakturen	customs invoice	la facture douanière	la factura de aduana
die Konsulatsfaktura, –fakturen	consular invoice	la facture consulaire	la factura consular
die Nebenkosten (Pl.)	additional costs	les frais accessoires	los gastos adicionales
die Art der Beförderung	method of transport	le mode de transport	el modo de transporte
das Kollo, Kolli	package	le colis	el bulto
der Ballen, –	bale	la balle	la bala
das Einfuhrland, ̈er	importing country	le pays importateur	el país importador
die Festsetzung des Zolls	assessment of duty	la fixation des droits de dcuane	la fijación de los derechos de aduana
die Vorschrift, –en	regulation	la prescription, la disposition	la disposición, la prescripción
die Beantragung, –en	application	la sollicitation, la demande	la solicitud
die Konsignationssendung, –en	goods sent on consignment	l'envoi en consignation	el envío en consignación
die Beschädigung, –en	damage	l'endommagement, la détérioration	el daño, la avería, el deterioro

die Beraubung, –en	pilferage	le vol	el robo, el hurto
die Lattenkiste, –n; der Lattenverschlag, ˮe	crate	la caisse à claire-voie	la jaula, el esqueleto
die Trommel, –n	drum	le tambour	el tambor, el barril
die Schablone, –n	stencil	le patron, le pochoir pour le marquage	la plantilla para estarcir
die Kennmarke des Empfängers	consignee's mark	la marque du destinataire	la marca del destinatario
die Ausmaße (Pl.)	dimensions, measurements	les dimensions	las dimensiones
die Ursprungsbezeichnung, –en	mark of origin	la désignation d'origine	la designación de origen
die Vorsichtsmarkierung, –en	caution mark	l'indication de précautions à prendre	las marcas que indican precaución

Musterbriefe

1. der Dampfer, –	steamship	le vapeur, le steamer	el vapor
verladen*	to load	charger, expédier	cargar
markieren	to mark	marquer	marcar
das Nettogewicht	net weight	le poids net	el peso neto
der Inhalt	contents	le contenu	el contenido
der Durchschlag, ˮe	(carbon) copy	la copie	la copia
2. die Motorspritze, –n	(portable) pump unit	la motopompe (portative)	la motobomba portátil
beglaubigt	certified	certifié	certificado
das Bordkonnossement, –e	on-board bill of lading	le connaissement reçu à bord	el conocimiento de embarque «a bordo»
legalisieren	to legalize	légaliser	legalizar
die Versicherungspolice, –n	policy of insurance	la police d'assurance	la póliza de seguro
die Versicherung von Haus zu Haus	warehouse-to-warehouse insurance	l'assurance de porte à porte	el seguro de puerta a puerta
der Rechnungsbetrag, ˮe	invoice amount	le montant de la facture	el importe de la factura
aushändigen	to hand over, to surrender	remettre, délivrer	entregar
3. auslaufen* (Schiff)	to leave port	partir pour (un navire), prendre la mer	salir, zarpar, hacerse a la mar

119

beschriften	to mark	marquer	marcar
auf jem. (einen Wechsel) per 90 Tage Sicht ziehen*	to draw (a bill of exchange) on s.b. at 90 days' sight	tirer sur qn (une lettre de change) à 90 jours de vue	girar a cargo de alg. a 90 días vista
die Akzeptierung	acceptance (act of accepting)	l'acceptation	la aceptación
4. per Bahn abgehen*	to be dispatched by rail	être expédié par chemin de fer	ser despachado por ferrocarril
das Akzept, -e	acceptance	l'acceptation	la aceptación
mit einem Akzept versehen*	to provide with an acceptance	revêtir de l'acceptation, accepter	proveer de la aceptación
5. die Güterzuglok, -s (Lok = Kurzform von Lokomotive)	goods train locomotive, freight train locomotive	la locomotive du train de marchandises	la locomotora para el servicio de mercancías
die Diesellok, -s	diesel locomotive	la locomotive (à moteur) Diesel	la locomotora Diesel
der Bierwagen, -	beer wagon	le wagon pour le transport de bière	el vagón para el transporte de cerveza
der Behälterwagen, -	container truck, container car	le wagon porte-containers	el vagón-containers
der Güterwagen, -	goods wagon, freight car	le wagon de marchandises	el vagón para mercancías
der Schlafwagen, -	sleeping car	le wagon-lits	el coche-cama
der D-Zug-Liegewagen, -	express couchette car	la voiture-couchettes pour trains rapides	el coche-litera para trenes expresos
der Postwagen, -	mail van, mail car	la voiture postale	el coche correo
der Personenwagen, -	passenger coach, passenger car	la voiture de voyageurs	el coche de pasajeros
der D-Zug-Wagen, -	express coach	la voiture grandes lignes	el coche rápido interurbano
der Speisewagen, ̈e	dining car, diner	le wagon-restaurant	el coche-restaurante
der Nachlaß, ̈e	discount	la diminution, la réduction	la deducción, la reducción
der Endbetrag, ̈e	total amount	le montant total	la suma total
6. die Überweisung, -en	transfer, remittance	le transfert, le virement	la transferencia

Übungen

1. die Beförderungskosten (Pl.) gesondert aufführen	transport costs to show separately	les frais de transport spécifier, énumérer séparément	los gastos de transporte especificar, indicar separadamente

2. die Gewichtsnota, –s	weight note	la note de poids	la nota de peso
das Ursprungszeugnis, –se	certificate of origin	le certificat d'origine	el certificado de origen
die Sichttratte, –n	sight draft	la traite à vue	la letra à la vista
das Inkasso *vornehmen**	to handle the collection	opérer l'encaissement, s'occuper de l'encaissement	encargarse del cobro

VII. Bestätigung des Empfangs der Ware und Zahlungsanzeige

die Zahlungsanzeige, –n	remittance advice	l'avis de paiement	el aviso de pago
etw. in Ordnung befinden*	to find s.th. to be in order	trouver en bon ordre	encontrar conforme
die Empfangsbestätigung, –en	acknowledgment of receipt	l'accusé de réception	el acuse de recibo
der Ausgleich (*einer Rechnung*)	settlement	le règlement	la liquidación
das Zahlungsavis, –e	remittance advice	l'avis de paiement	el aviso de pago
der Scheck, –s	cheque, check	le chèque	el cheque
das Begleitschreiben, –	covering letter	la lettre d'accompagnement	la carta-aviso, el escrito que acompaña

Musterbriefe

1. jem. etw. *an*kündigen	to advise s.b. of s.th.	annoncer qc à qn	avisar u.c. a alg.
mustergetreu	according to sample	conforme à l'échantillon	según muestra
2. der Aussteller, – (*Wechsel*)	drawer	le tireur	el librador
fällig am ...	due on ...	payable, échu le ..., venant à échéance le. .	pagadero, vencedero el ..., con vencimiento el ...
versteuert	tax (*or* duty) paid	timbré, droits de timbre payés, timbre fiscal payé	reintegrado, impuesto del timbre pagado
die Steuer, –n	tax, duty	l'impôt	el impuesto
die Steuerbefreiung, –en	tax exemption	l'exemption fiscale	la exención fiscal
einen Wechsel bei einer Bank zahlbar stellen	to make a bill of exchange payable at a bank	domicilier une lettre auprès d'une banque	domiciliar una letra en un banco
der Akzeptant, –en (*Wechsel*)	acceptor	l'accepteur	el aceptante

bei Verfall	at maturity	à échéance, à expiration	al vencimiento, en la fecha de su vencimiento
einen Wechsel *ein*lösen	to pay a bill of exchange	acquitter, honorer une lettre de change	pagar una letra
ein Konto belasten	to debit an account	débiter un compte	cargar (adeudar) una cuenta
die Einlösung (*eines Wechsels*)	payment	le paiement d'une lettre	el pago de una letra
3. die Buchhaltung	bookkeeping (department)	la comptabilité (la section de c.)	la contabilidad (la sección de c.)
die Aufstellung, –en	itemization	le relevé, la spécification	la relación, el estado
die Retoure, –n	(merchandise) return	la marchandise en retour	la devolución, el retorno
die Debet-Nota, –s	debit note	la note de débit, l'avis de débit	la nota de débito

Übungen

1. der Plattenspieler, –	record player	l'électrophone, le tourne-disque	el tocadiscos
2. begleichen* (*eine Rechnung oder Schulden*)	to pay, to settle	régler, payer, acquitter, solder un compte	pagar, liquidar, saldar una cuenta
*ab*ziehen*	to deduct	déduire	deducir

VIII. Lieferungsverzögerung: Mahnung

die Lieferungsverzögerung, –en	delay in delivery	le retard dans la livraison	la demora en la entrega
die Mahnung, –en	reminder	la lettre de rappel, la réclamation	la carta de reclamación
die Nichtlieferung, –en	non-delivery	la non-livraison	la falta de entrega
der Umstand, ¨e	circumstance	la circonstance	la circunstancia
auf etw. *zurück*führen	to attribute to	attribuer à	atribuir a, deberse a
zu verantworten haben	to be responsible for	être responsable de, répondre de qc	ser responsable, responder de
verantwortlich machen	to hold responsible	rendre qn responsable de qc	hacer a alg. responsable de u.c.
eine Frist setzen	to fix a period (of time)	fixer (déterminer) un délai	fijar un plazo, señalar un plazo
eine Frist *ein*halten*	to comply with a fixed period	observer un délai	respetar (observar) un plazo
die Ablehnung der Ware	refusal of the goods	le refus de la marchandise	el rechazo de la mercancía

etw. androhen	to threaten with s.th.	menacer de qc	amenazar a alg. con u.c.
mahnen	to send a reminder	rappeler qc à qn	recordar u.c. a alg., reclamar u.c. a alg.
die Entschädigung, –en	compensation	l'indemnité, l'indemnisation	la indemnización, la compensación
das Zahlungsziel, –e	credit period	le terme d'échéance (= de règlement), le délai de paiement	el plazo de pago
das Zugeständnis, –se	concession	la concession	la concesión

Musterbriefe

1. der Wollpullover, –	woollen sweater	le pull-over de laine	el pullóver de lana, el jersey de l.
die Wollsocke, –n	woollen sock	la chaussette de laine	el calcetín de lana
jem. auf etw. aufmerksam machen	to draw s.b.'s attention to s.th.	attirer l'attention de qn sur qc	llamar la atención de alg. sobre u.c.
der Termin, –e	(fixed) date, deadline	le terme, la date, le délai	la fecha fija, el plazo
die Nachfrage	demand	la demande	la demanda
2. die Garnitur, –en	set	le jeu, la garniture	el juego
die Korbmöbel (*Pl.*)	wicker furniture	les meubles en rotin	los muebles de mimbre
der Anruf, –e	(telephone) call	le coup de téléphone	la llamada
die Zusage, –n	promise	le consentement, la promesse	la promesa
in Verlegenheit bringen*	to cause embarrassment	mettre qn dans l'embarras	poner en apuro a, ocasionar embarazo, causar trastorno
jem. vertrösten	to put s.b. off, to induce s.b. to wait	renvoyer qn à plus tard, faire prendre patience à	hacer esperar a, entretener a alg. con vanas promesas
zu meinem großen Bedauern	much to my regret	à mon grand regret	muy a pesar mío, sintiéndolo mucho
der Ausfall, ¨e	(financial) loss	le manque à gagner, la perte	la pérdida
3. der Rückstand, ¨e	backlog	le retard à la livraison	el atraso, el suministro pendiente
jem. im Stich lassen*	to let s.b. down	laisser tomber	no atender a alg., dejar esperar en vano

zur Auslieferung bringen* (= ausliefern)	to deliver	livrer, fournir	suministrar, entregar
der Fälligkeitstermin, -e	due date	l'échéance	el vencimiento
die Preisermäßigung, -en	reduction in price, allowance	la réduction de prix	la reducción de precio
sich an Bedingungen halten*	to comply with conditions	se tenir aux conditions	observar (= respetar) las condiciones
retournieren	to return	renvoyer	devolver

Übungen

2. die Bodenfräse, -n	rotary tiller	la fraiseuse de labour	la fresa agrícola

IX. Lieferungsverzögerung: Antwort auf Mahnung

die Teilsendung, -en	part shipment	l'envoi partiel	el envío parcial
die Unannehmlichkeit, -en	inconvenience	l'ennui	el inconveniente
der Brand, ̈e	fire	l'incendie	el incendio
die Überschwemmung, -en	flood	l'inondation	la inundación
der Streik, -s	strike	la grève	la huelga
höhere Gewalt	force majeure	la force majeure	la fuerza mayor
jem. Bescheid geben*	to inform s.b.	donner une réponse à qn, informer qn	responder a, informar a alg. de (= sobre)

Musterbriefe

1. fristgerecht	within the period fixed	dans les délais, conformément aux délais	dentro del plazo convenido (= fijado), en su debido plazo
die elektronische Ausrüstung der Zulieferer, -	electronic equipment supplier, sub-contractor	l'équipement électronique le sous-traitant	el equipo electrónico el sub-abastecedor, el sub-proveedor
mit Aufträgen überhäuft sein	to be inundated with orders	être surchargé de commandes	estar agobiado de pedidos

den Lieferverpflichtungen *nach-*kommen*	to meet delivery commitments	faire honneur à ses obligations de livraison	cumplir con (= atender a) sus obligaciones de suministro
jem. von etw. in Kenntnis setzen	to inform s.b. of s.th.	informer qn de qc	informar a alg. de (sobre) u.c., hacer saber a alg. u.c.
2. das Ersatzteil, -e	spare part	la pièce de rechange	la pieza de recambio (= de repuesto)
die Nachprüfung, -en	investigation	la vérification, le contrôle	la verificación, el examen
die Versandabteilung, -en	delivery department, shipping department	le service des expéditions	el departamento de expedición
das Versehen, -	oversight	l'erreur, la faute, l'inadvertance	la equivocación, el error
3. die Filmkamera, -s	cine camera, movie camera	la caméra	la cámara cinematográfica, el tomavistas
die geschulte Arbeitskraft	skilled worker	l'ouvrier qualifié	el obrero cualificado
einen Auftragsrückstand *auf-*arbeiten	to work off a backlog of orders	exécuter les ordres en suspens, combler le retard dans l'exécution des commandes	cumplimentar los pedidos pendientes, ejecutar las órdenes pendientes
die Verlängerung des Akkreditivs	extension of the validity of the letter of credit	la prolongation (= prorogation) de l'échéance d'un crédit documentaire	la prolongación de la validez del crédito documentario
das leidige Problem aus der Welt schaffen*	to eliminate the irksome problem	en finir avec le problème fâcheux (= désagréable)	eliminar el enojoso problema
die Fertigung	manufacture	la fabrication	la fabricación
auf Automation *um*stellen	to convert to automation	introduire l'automation	introducir la automación

Übungen

1. die Glaswaren	glassware	la verrerie	la vidriería
die Keramikwaren	pottery ware	la poterie	los artículos de cerámica
der Ausfall, ̈e	*here:* break-down	la défaillance	el fallo, la avería

der Brennofen, $\stackrel{=}{}$	kiln	le fourneau, le four	el horno de calcinación
2. die Sauna, –s	sauna	le sauna, la sauna	la sauna, el baño finlandés
das Fertigteil, –e	prefabricated part	l'élément préfabriqué	la pieza acabada (terminada)
die holzverarbeitende Industrie	woodworking industry	l'industrie de travail du bois	la industria transformadora de la madera
von etwas betroffen* sein	to be affected by s.th.	être affecté par qc	estar afectado por u.c.
die Verhandlung, –en	negotiations	les négociations	las negociaciones
die Gewerkschaft, –en	trade union, labor union	le syndicat	los sindicatos
in Frage stellen	to render doubtful	mettre en question (doute, cause)	poner en duda

X. Beschwerde

die Beschwerde, –n	complaint, claim	la plainte, la réclamation	la queja, la reclamación
der Defekt, –e	defect	le défaut, le vice	el defecto
verderben*	to spoil	se détériorer, s'avarier	estropear, deteriorar
die Beanstandung, –en; die Reklamation, –en	complaint	la réclamation, l'objection	la objeción, la reclamación
die Mängelrüge, –en	complaint, notice of defect	la réclamation pour défauts	la reclamación por defectos (= vicios)
der Anspruch, $\stackrel{=}{}$e	claim	la prétention, le droit	el derecho, la pretensión
Ansprüche geltend machen	to raise claims	faire valoir des droits	hacer valer derechos
Vorschläge machen	to make suggestions	faire des propositions	hacer propuestas
die Regelung	settlement, adjustment	le règlement, l'arrangement	el ajuste, el arreglo
unverkäuflich	unsal(e)able	invendable	invendible
unbrauchbar	unfit for use	inutilisable, inemployable	inutilizable
jem. zur Verfügung stellen	to place at s.b.'s disposal	mettre qc à la disposition de qn	poner u. c. a disposición de alg.
einwandfrei	faultless	irréprochable, impeccable, sans (aucun) défaut	impecable, inmejorable, intachable
der Umtausch	exchange	l'échange	el cambio
die Ersatzlieferung, –en	*here:* replacement	l'échange de livraison, le remplacement des articles défectueux	el suministro subsidiario, la reposición de artículos defectuosos

die Minderlieferung, –en	short delivery, shortage	la livraison incomplète	el menor suministro
eine Rechnung um einen Betrag kürzen	to deduct an amount from an invoice	réduire la facture d'un montant	deducir un importe de una factura
die Reparatur, –en	repair	la réparation	la reparación
der Austausch von Teilen	exchange of parts	l'échange (le remplacement) de pièces	el cambio de partes (= piezas)
die Garantie, –n	guarantee	la garantie	la garantía
eine Garantie übernehmen*	to guarantee	se porter garant de, donner une garantie	prestar una garantía
die Garantiezeit, –en	guarantee period	le délai de garantie	el plazo (período) de garantía

Musterbriefe

1. die Falschlieferung, –en	delivery of the wrong goods	la livraison erronée	el suministro equivocado
der Glasfehler, –	flaw in the glass	le défaut du verre	el defecto en el cristal
die Suppentasse, –n	soup bowl	la tasse à soupe	la taza sopera
die Untertasse, –n	saucer	la soucoupe	el platillo
das Bläschen, – (*im Glas*)	small bubble	le «bouillon», la bulle d'air	la burbuja
reduzieren	to reduce	réduire	reducir
absetzen	*here:* to sell	vendre	vender
den Preis ermäßigen	to reduce the price	réduire le prix	reducir el precio
fehlerhaft	faulty, defective	défectueux	defectuoso
die Stellungnahme, –n	comment	la prise de position	el parecer, la opinión
2. verkratzt	scratched	égratigné	rasguñado
als Expreßpaket	by express	en colis express	por exprés
3. die Fehlmenge, –n	shortage	les manquants	la falta de cantidad
der Kräuteressig	herb vinegar	le vinaigre aromatique	el vinagre aromático
es ist Ihnen ein Versehen unterlaufen*	you have made an error	vous avez commis une faute, il s'est glissé une faute	ha cometido un error

Übungen

1. die Bohrmaschine, –n	drilling machine, boring machine	la perceuse	la taladradora

die Bohrspindel, -n	boring spindle	la broche de perçage, l'arbre porte-foret	el husillo de taladrar, el árbol portabrocas
der Schlag die Arbeitsgenauigkeit	*here:* run-out, eccentricity accuracy	l'excentricité, le faux-rond la précision de travail	la excentricidad, la descentración la exactitud (= precisión) de trabajo
die Tischverstellspindel, -n	table traversing screw	la tige filetée de réglage de la table	el husillo regulador de la mesa
rechtsseitig schwergängig	difficult to turn in right-hand direction	très difficile à tourner à droite	difícil de girar a la derecha
der Kundendienstmonteur, -e	fitter, engineer	le monteur (du service après-vente)	el mecánico para el servicio post-venta
2. das Dirndlkleid, -er	dirndl, Bavarian dress	le costume bavarois	el traje «Dirndl», el vestido a la bávara
der Trachtenanzug, ⸚e	Bavarian suit	le costume bavarois	el traje bávaro
die Rückerstattung des Kaufpreises	refund of the purchase price	la restitution du prix d'achat	la devolución del precio de compra
die Auslagen (*Pl.*)	outlay, expenses	les dépenses, les débours	los gastos

XI. Antwort auf Beschwerde

der Händler, –	dealer	le négociant, le marchand (de)	el tratante (traficante) en, el comerciante
berechtigt	justified	justifié, fondé	justificado
eine Beschwerde *zurück*weisen*	to refuse a claim	refuser de prendre en considération une réclamation	desechar (= desestimar) una reclamación
einer Beschwerde *statt*geben*	to grant a claim	accepter (= admettre) une réclamation comme justifiée	admitir (= aceptar) una reclamación como justificada
der Schaden, ⸚	damage	le dommage, le sinistre	el daño, el siniestro
der Verlust, -e	loss	la perte	la pérdida
die Versicherungsgesellschaft, -en	insurance company	la compagnie d'assurance, la société d'assurance	la compañía de seguros

versichern	to insure	assurer	asegurar
die Schadensmeldung, –en	report of damage or loss	l'avis (= la déclaration) du dommage, l'avis de sinistre	la notificación del daño (= del siniestro)
Unterlagen einreichen	here: to submit (supporting) documents	soumettre les pièces justificatives (= la documentation)	presentar (= someter) los documentos (= los comprobantes, justificantes)
einen Schaden vergüten	to pay a claim	dédommager qn, indemniser du dommage	indemnizar a alg. por un daño
der Versicherte, –n	insured	l'assuré	el asegurado
die Währung, –en	currency	la monnaie	la moneda
die Meinungsverschiedenheit, –en	dispute	la divergence d'opinions, la différence de vues	la discrepancia, la divergencia de opiniones
der Vertragspartner, –	party to a contract	la partie contractante, le contractant	la parte contratante
Differenzen bereinigen	to settle differences	régler les divergences d'opinions	arreglar las divergencias
das (ordentliche) Gericht, –e	court of law	le tribunal judiciaire	el tribunal ordinario
das Schiedsgericht, –e	court of arbitration	le tribunal d'arbitrage	el tribunal de arbitraje
das Gerichtsverfahren, –	legal proceedings	la procédure (judiciaire)	el procedimiento judicial, el proceso
die Partei, –en	party	la partie	la parte
kostspielig	costly	cher, coûteux	costoso
zeitraubend	time-consuming	qui prend (= exige) beaucoup de temps	que cuesta mucho tiempo, largo
die Zuständigkeit eines Schiedsgerichts vereinbaren	to agree to refer disputes to a court of arbitration	convenir que les litiges soient tranchés par un arbitrage	convenir (= acordar) que las disputas sean llevadas ante un tribunal de arbitraje
das Schiedsverfahren, –	arbitration procedure	la procédure d'arbitrage	el procedimiento arbitral
die Klausel, –n	clause	la clause	la cláusula
ein Schiedsgericht anrufen*	to apply to a court of arbitration	soumettre un cas à un arbitrage	someter un caso al arbitraje
die schiedsrichterliche Entscheidung	arbitral award	la décision arbitrale, la sentence d'arbitrage	el arbitrio, la sentencia (= la decisión, el laudo) arbitral

Musterbriefe

1. Kartonagenfabrik, –en	cardboard container factory	l'usine de cartonnages	la fábrica de cartonaje
der Ausschuß, ̈e	reject (= *faulty product rejected*)	le rebut, les déchets, les pièces défectueuses	las piezas de rechazo, los desechos
die Störung, –en	trouble	le dérangement, la panne	el fallo, la interrupción
der Faltkarton, –s	folding box	le cartonnage pliant	la caja de cartón plegada
die Versandkontrolle, –n	examination prior to dispatch	le contrôle précédent l'envoi	el examen previo al envío
das Vorkommnis, –se	occurrence	l'événement, l'incident	el suceso, el incidente
hinfällig	no longer valid	caduc, nul	nulo
2. die Kleinbildkamera, –s	miniature camera	l'appareil photographique de petit format	la minicámara
einwandfrei funktionieren	to function properly	fonctionner parfaitement	funcionar bien (= sin fallos)
die Reparaturabteilung, –en	repair department	la section (= l'atelier) de réparation	la sección de reparaciones, el taller de reparaciones
der Mechanismus, Mechanismen	mechanism	le mécanisme	el mecanismo
überholen	to overhaul	reviser, remettre en état	repasar, revisar
instandsetzen	to repair	réparer	reparar
3. das Verschulden	negligence	la culpabilité, la faute de …	la falta (= la culpa) de …
das außergewöhnliche Ereignis	extraordinary occurrence	l'événement extraordinaire	el acontecimiento extraordinario
die Versicherungspolice, –n	policy of insurance	la police d'assurance	la póliza de seguro
das Havariezertifikat, –e	survey report	le certificat d'avarie	el certificado de avería
das Versicherungszertifikat, –e	insurance certificate	le certificat d'assurance	el certificado de seguro
der Havarie-Kommissar, –e	surveyor	le commissaire d'avarie	el tasador de averías
die Regulierung eines Schadens	adjustment of an insurance claim	le règlement d'un sinistre	el arreglo de un siniestro
eine Gutschrift erteilen	to credit an account	porter une somme au crédit de…	abonar una suma en cuenta de …

Übungen

2. die Verzinkanlage, –n	galvanizing plant	l'installation de galvanisation	la instalación de galvanización
unverzüglich	without delay	immédiatement, sans délai	inmediatamente, sin demora

die Mängel in der Herstellung	faulty workmanship	les défauts de fabrication	los defectos (= errores) de fabricación
3. das Glas, *"er*	*here:* jar	*here:* le bocal à conserves	el tarro
der Paprika	paprika	le paprika	el pimiento
die Verwechslung, –en	*here:* mistake	la méprise, l'erreur	la equivocación
absetzen	to deduct	déduire, défalquer	deducir

XII. Zahlungsverzögerung: Mahnung

die Zahlungsverzögerung, –en	delay in payment	le retard dans le paiement	el retraso en el pago
die Mahnung, –en	reminder, dunning letter, collection letter	le rappel, la lettre de rappel	la carta de reclamación (= de apremio)
der Schuldner, –	debtor	le débiteur	el deudor
die Rechnungsabschrift, –en	invoice copy	la copie de la facture	la copia de la factura
der Kontoauszug, *"e*	statement of account	l'extrait (= bordereau) de compte	el extracto de cuenta
der Mahnbrief, –e	dunning letter, collection letter	la lettre de rappel	la carta de reclamación (= de apremio)
die versteckte Mahnung	hidden reminder	le rappel caché	el recordatorio oculto
Zahlung leisten	to effect payment	faire (= effectuer) un versement	efectuar un pago
der Gläubiger, –	creditor	le créancier	el acreedor
Maßnahmen ergreifen*	to take measures	prendre des mesures	tomar medidas
die Auslandsforderung, –en	foreign accounts receivable	les créances sur l'étranger	los activos extranjeros
der säumige Schuldner	defaulting debtor, delinquent debtor	le débiteur négligent	el deudor moroso
Lieferungen *einstellen*	to hold up deliveries	suspendre les livraisons	suspender los suministros
das Inkassobüro, –s	collection agency	l'agence d'encaissement	la agencia de cobro
das Unternehmen, –	(business) enterprise	l'entreprise	la empresa
die Provision, –en	commission	la commission	la comisión
die Einziehung von Forderungen	collection of accounts receivable	le recouvrement (= l'encaissement) des créances	el cobro de créditos (= de deudas)

die Handelsauskunftei, -en	credit-inquiry agency, mercantile agency	le bureau (= l'agence) de renseignements commerciaux	la agencia de informes
der Rechtsanwalt, ″e	lawyer	l'avocat	el abogado
jem. eine Forderung zum Einzug übergeben*	to turn an account over to s.b. for collection	remettre à qn une créance pour recouvrement	entregar a alg. un crédito para fines de cobro, encargar a alg. del cobro de una deuda
gerichtliche Schritte unternehmen*	to take legal steps	faire des démarches judiciaires, poursuivre qn suivant les voies de droit	recurrir al procedimiento judicial, recurrir a los tribunales

Musterbriefe

1. offenstehen* (*Rechnung*)	to be unpaid	(facture) rester impayée, rester en suspens	(factura) estar descubierta (= sin pagar)
2. die Zahlungserinnerung, -en	reminder, first notice	le rappel de paiement, la lettre monitoire (= d'avertissement)	el recordatorio, la carta monitoria
der Irrtum, ″er	error	l'erreur	el error
3. übersehen*	to overlook	ne pas remarquer, négliger, passer	pasar por alto
Zahlung *vor*nehmen*	to effect payment	effectuer le paiement	efectuar el pago
sich *ein*decken	to cover one's requirements	s'approvisionner en	abastecerse de
die mechanischen Spielsachen (*Pl.*)	mechanical toys	les jouets mécaniques	los juguetes mecánicos
eine Bestellung *auf*geben*	to place an order	faire (= passer) une commande	hacer (= pasar) un pedido
4. der Saldo, Salden	balance	le solde	el saldo
einen Saldo *aus*weisen*	to show a balance	présenter (= accuser) un solde	presentar (= arrojar) un saldo
die Außenstände (*Pl.*)	outstanding accounts	les créances (à recouvrer)	las cantidades por cobrar, las cuentas pendientes
seinen Verpflichtungen *nach*kommen*	to meet one's obligations	remplir ses obligations, satisfaire à ses obligations	cumplir sus compromisos (= obligaciones)
ein Konto *aus*gleichen*	to balance an account	solder (= régler) un compte	saldar una cuenta

einer Bitte entsprechen*	to comply with a request	répondre à une demande	corresponder a una demanda
5. die Begleichung (*einer Rechnung*)	payment, settlement	le règlement, le paiement	la liquidación, el pago
die Teilzahlung, –en	part payment	le paiement (= versement) partiel	el pago parcial
annehmbar	acceptable	acceptable	aceptable
jem. *entgegenkommen**	to accommodate s.b.	faire des concessions à qn	hacer concesiones a alg., complacer a alg.
6. die Zahlungsaufforderung, –en	request for payment	l'invitation à payer	el requerimiento de pago
es bleibt* uns nichts anderes übrig, als …	we have no alternative but …	il n'y a pas d'autre solution que …	no nos queda más remedio que …
der Zins, –en	interest	l'intérêt	el interés
*einziehen**	to collect	recouvrer, encaisser	cobrar

Übungen

1. Schritte zur Einziehung des fälligen Betrages unternehmen*	to take steps to collect the amount due	prendre des mesures pour le recouvrement de la somme due	tomar medidas para el cobro del importe vencido
die Angelegenheit einem Rechtsanwalt übergeben*	to place the matter in the hands of a lawyer	remettre l'affaire entre les mains d'un avocat	poner el asunto en manos de un abogado
auf dem Klageweg	by taking legal action	par voie de justice	por vía judicial

XIII. Zahlungsverzögerung: Antwort auf Mahnung

die Zahlung veranlassen	to arrange for payment	donner ordre d'effectuer le paiement	ordenar el pago
der Zahlungsaufschub	extension (of time), postponement	le sursis de paiement	el aplazamiento del pago
die Abschlagszahlung, –en	payment on account	le versement d'acompte	el pago a cuenta (= parcial)
die Stundung, –en	extension, postponement	l'ajournement, la prorogation	la prórroga, el aplazamiento
die Prolongation eines Wechsels	prolongation of a bill of exchange	la prorogation (la prolongation) d'une lettre de change	la prórroga de una letra de cambio

sich in Verbindung setzen mit	to get in touch with	se mettre en rapport avec qn	ponerse en contacto con alg.
zu einer Einigung gelangen	to come to an agreement	se mettre d'accord sur qc	llegar a un acuerdo

Musterbriefe

1. das Verwaltungsgebäude, –	administration building	le bâtiment administratif	el edificio administrativo
die Umzugsarbeiten	work in connection with the removal (to another building)	les travaux entraînés par le déménagement à un autre bâtiment	los trabajos en conexión con el traslado (la mudanza) a otro edificio
2. die Restlieferung des Auftrags vornehmen* (= den Rest des Auftrags liefern)	to deliver the balance of the order	livrer le reste de la commande	entregar el resto de la mercancía pedida
3. der Konkurs, -e	bankruptcy, failure	la faillite	la quiebra
über flüssige Mittel verfügen	to have liquid funds at one's disposal	disposer de fonds liquides, de liquidités	disponer de fondos líquidos
prolongieren	to prolong	prolonger, proroger, renouveler	prolongar, conceder una prórroga
verzinsen	to pay interest on	payer des intérêts sur qc	pagar interés a alg. por u. c.
4. die Absatzschwierigkeiten	difficulties in disposing of goods	les difficultés de vente (= de débouché)	las dificultades en la venta
den Restbetrag stunden	to grant an extension for the remainder	accorder un délai de paiement pour le solde	aplazar la suma restante
seine Verbindlichkeiten erfüllen	to meet one's obligations	remplir ses obligations (= engagements), satisfaire à ses o.	hacer frente a sus compromisos

Übungen

2. der schlechte Geschäftsgang	sluggish business	la marche défavorable des affaires	la marcha desfavorable, el negocio flojo
der 60-Tage-Wechsel	60 days' bill (of exchange)	la lettre de change (la traite) à 60 jours	la letra a 60 días fecha

die Zusage, –n	promise	la promesse	la promesa
die Diskontierung, –en	(act of) discounting	l'escompte	el descuento
das Bargeld	cash (money)	l'argent comptant, les espèces, le numéraire	el dinero en efectivo
die Diskontspesen (Pl.)	discount charges	les frais d'escompte	los gastos de descuento

XIV. Kreditauskunft

die Kreditauskunft, ̈e	credit information	les renseignements sur la solvabilité d'une maison	el informe sobre el crédito que merece una casa
gegen Ziel beliefern	to supply on credit	fournir (= vendre) à terme (= à crédit)	suministrar contra pago a plazo
die Ernennung von Vertretern	appointment of agents	la nomination (la désignation) de représentants	el nombramiento de representantes
Auskünfte einholen	to obtain information	demander des renseignements	pedir informes
sich um eine Vertretung bewerben*	to apply for an agency	solliciter une représentation	solicitar una representación
Erkundigungen einziehen*	to make inquiries, to obtain information	se renseigner	solicitar (= pedir) informes

Musterbriefe

1. vertraulich	confidential	confidentiel	confidencial
die Konsignationsware, –n	consignment goods	la marchandise en consignation	la mercancía suministrada en consignación
der Ruf	reputation	la réputation	la reputación
die Vermögenslage	financial situation	la situation financière	la situación financiera
der Eigentümer, –	owner, proprietor	le propriétaire	el propietario
Kredit einräumen	to grant credit	accorder (= consentir) un crédit à qn	conceder un crédito a alg.
die Sicherheit, –en	security, collateral	la garantie, la caution	la garantía, la caución

Sicherheiten stellen	to furnish security	fournir (constituer) une sûreté	dar garantías, prestar cauciones a alg.
die Verschwiegenheit	discretion, secrecy	la discrétion	la discreción
der Gegendienst, -e	service rendered in return	le service à titre de réciprocité	la reciproca
der Internationale Antwortschein	International Reply Coupon	le coupon-réponse international	el cupón-respuesta internacional
2. verhandeln	2. to negotiate	négocier avec qn	negociar con alg.
der Umsatz, "e	sales, turnover	le chiffre d'affaires	la cifra de ventas
die Zahlungsweise, -n	manner of payment	le mode de paiement	el modo de pago
Kredit gewähren	to grant credit	accorder (= consentir) un crédit à qn	conceder un crédito a alg.
ohne Bedenken	without hesitation	sans hésitation	sin vacilar
die Gefälligkeit, -en	favour	l'obligeance	el favor
vertraulich behandeln	to treat confidentially	user avec la plus grande discrétion de qc	usar con la mayor discreción
der Rückumschlag, "e	return envelope	l'enveloppe pour la réponse	el sobre-respuesta
3. gut fundiert sein	3. to have a sound financial background	solide, bien établie	tener una buena base financiera
für eigene Rechnung	for one's own account	pour son propre compte	por propia cuenta
namhaft	reputable	renommé, réputé	conocido, prestigioso
über ausgedehnte Geschäftsverbindungen verfügen	to have extensive business connections	avoir de nombreuses relations commerciales (d'affaires)	tener (= mantener) extensas relaciones comerciales
seinen Verbindlichkeiten nachkommen*	to meet one's obligations	remplir ses obligations	cumplir (con) sus obligaciones
Haftung übernehmen*	to assume liability	répondre de qc, se porter garant de qc.	responder de u.c., hacerse responsable de u.c.
4. gründen	4. to found, to establish	fonder, établir	fundar, establecer, constituir
die Zahlungen gehen* schleppend ein	there are repeated delays in payment	les paiements s'effectuent très lentement	los pagos se efectúan muy lentamente
die (Informations-)Quelle, -n	source (of information)	la source d'information	la fuente de información
die Hypothek, -en	mortgage	l'hypothèque	la hipoteca

das Grundstück, –e	property, premises	le bien foncier, le terrain	el terreno, el solar
zur Vorsicht raten*	to advise caution	conseiller la prudence à qn	aconsejar a alg. ser cauto (= precavido)
5. die Korrespondenzbank, –en	correspondent bank	la banque correspondante	al banco corresponsal
die Aktiengesellschaft, –en	joint-stock company, stock corporation	la société anonyme (= par actions)	la sociedad anónima (= por acciones)
das Grundkapital	capital, capital stock	le capital social	el capital social
die Rücklage, –n	reserve	les réserves	las reservas
die Kapitalausstattung	capitalization	la dotation en capital	el capital disponible
die Liquidität	liquidity	la liquidité	la liquidez
die Liquidität pflegen	to maintain liquidity	maintenir la liquidité	mantener una buena liquidez
der Warenumschlag	*here:* trade	le commerce, l'échange de marchandises	el comercio, el intercambio
kurzfristige Verbindlichkeiten	short-term liabilities	les dettes (= obligations) à court terme	las deudas a corto plazo
die Bürgschaft, –en	surety, guarantee	la garantie	la garantía
die Inanspruchnahme einer Bürgschaft	calling of a guarantee	l'utilisation d'une garantie (= du cautionnement)	la utilización de una garantía (= de la prestación de garantía)
einen Umsatz erzielen	to achieve a turnover	atteindre un chiffre d'affaires	alcanzar una cifra de ventas
die Marktverhältnisse (Pl.)	market situation	la situation du marché	la situación en el mercado
die Beschäftigungslage ist gut	*here:* (the company's) capacity is utilized to a satisfactory extent	la capacité de production (d'une société) est bien utilisée	la capacidad de producción (de una sociedad) está bien utilizada

Übungen

1. die Backwaren	bakery goods	pain et pâtisserie	artículos de panadería y pastelería
in Aussicht stellen	to hold out the prospect of	faire entrevoir qc à qn	dar esperanzas a alg.
2. die Dauer des Bestehens (*der Firma*)	duration of (the firm's) existence	la durée d'existence (de la maison)	el tiempo pasado desde el establecimiento (de la casa)
die Arbeitskraft, ̈e	person employed	le personnel employé	el personal empleado

137

das Eigenkapital	ownership capital, net worth	le capital propre	el capital propio
handelsüblich	customary (in trade)	d'usage	usual (en el comercio)

XV. Auslandsvertreter

der Auslandsvertreter, –	foreign agent	le représentant à l'étranger	el representante en el extranjero
der Alleinvertreter, –	sole agent	le représentant exclusif	el representante exclusivo
die Mittlerfirma, Mittlerfirmen	middleman	l'intermédiaire	el intermediario
der Handelsvertreter, –	commission agent	le représentant	el representante
der Kommissionär, -e	factor, consignee	le commissionnaire	el comisionista
der Händler, -	dealer	le négociant, le marchand (de)	el tratante, el traficante (en)
eine Funktion *aus*üben	to perform a function	remplir une fonction	ejercer una función
der Auftraggeber, -	principal	le commettant	el comitente
Geschäfte vermitteln	to negotiate business (on behalf of s. b.)	servir d'intermédiaire dans le commerce	hacer de intermediario en los negocios
Geschäfte *ab*schließen*	to conclude business transactions	conclure des marchés (= des affaires)	concertar (= concluir) operaciones (= negocios)
der Konsignatar, -e	consignee	le consignataire	el consignatario
der Warenbestand, ¨e	stock of goods	le stock de marchandises	las existencias, el stock
der Konsignant, -en	consignor	le consignateur, le commettant	el consignador
das Konsignationslager, –	consignment stock	le dépôt de consignation, le stock en consignation	el depósito de consignación, el stock de artículos en consignación
der Wiederverkauf, ¨e	resale	la revente	la reventa
einen Gewinn erzielen	to realize a profit	faire (réaliser) un bénéfice	obtener un beneficio
sich befassen mit	to be concerned with	s'occuper de qc	ocuparse de u. c., dedicarse a u. c.
die Werbung	advertising	la publicité	la publicidad, la propaganda
der Kundendienst	(after-sale) service	le service après-vente	el servicio postventa, la ayuda técnica
der Vertretervertrag, ¨e; der Agenturvertrag, ¨e	contract of agency, agency agreement	le contrat de représentation, le contrat d'agence	el contrato de representación, el contrato de agencia

der Gegenstand des Vertrages, –e	subject-matter of the contract	l'objet du contrat	el objeto del contrato
das Vertretungsgebiet, –e	agent's territory	la zone (= région) de représentation	la zona de representación
die Kündigungsfrist, –en	notice period	le délai-congé	el plazo de rescisión

Musterbriefe

1. die Rechenmaschine, –n	calculating machine	la machine à calculer, la calculatrice	la calculadora
das Mitteilungsblatt, "er	information bulletin	le bulletin d'informations	el boletín informativo
der Elektronen-Tischrechner, –	electronic desk calculator, desk computer	la calculatrice électronique sur pupitre	la calculadora electrónica de mesa
die Voraussetzungen erfüllen	to meet the requirements	remplir les conditions pour qc	reunir las condiciones para u.c.
der Fachhandel	specialized retailers	les maisons spécialisées, les détaillants spécialisés	los minoristas especializados
gut eingeführt sein	to have good business connections	être bien introduit	estar bien introducido
die Hauptniederlassung, –en	principal office	l'établissement principal	el establecimiento principal, la casa principal
das Verkaufsbüro, –s	sales office	le bureau de vente	la oficina de venta
die Reparaturwerkstatt, "en	workshop	l'atelier de réparation	el taller de reparación
das Verkaufsprogramm, –e	range of articles handled	le programme de vente	la gama de artículos que llevamos (= en venta)
die Rationalisierung	rationalization	la rationalisation	la racionalización
die Unterredung, –en	meeting, conference	l'entrevue	la entrevista
2. die Bewerbung, –en	application	la sollicitation, l'offre de services	la solicitud, la oferta de servicios
das Regal, –e	shelf	le rayon, l'étagère, le rayonnage	la estantería
der Laden, "	shop, store	la boutique, le magasin	la tienda
der Selbstbedienungsladen, "	self-service shop	le magasin de libre service (= de self-service)	(la tienda de) autoservicio
das Schaufenster, –	shop window	l'étalage, la vitrine	el escaparate, la vidriera
das Musterzimmer, –	show room	la salle d'échantillons	el local para la exposición de muestras
die Messe, –n	(trade) fair	la foire	la feria

die Bücherei, –en	library	la bibliothèque	la biblioteca
konkurrenzlos	unchallenged	défiant toute concurrence	sin competencia, desfia cualquier competencia
die Fachzeitschrift, –en	*here*: trade journal	la revue spécialisée (= professionelle)	la revista técnica
das Lieferprogramm, –e	*here*: range of products	le programme de livraison	la gama de artículos que suministramos
die Druckschrift, –en	printed advertising material	l'imprimé	el impreso
der Mustervertrag, ⸚e	specimen contract	le contrat type	el contrato modelo
3. der Rückgang der Aufträge eingangs	decline of orders	la diminution des ordres	la disminución de los pedidos
	at the outset	tout d'abord	al principio
der Abschluß, ⸚e	sale (concluded)	le marché conclu, la transaction conclue	la operación (= transacción) concertada
der Reisende, –n	traveller, salesman	le commis voyageur	el viajante
die Konkurrenz (= die Konkurrenten)	competitors	les concurrents, la concurrence	las casas competidoras
aus dem Feld schlagen*	*here*: to push out of the market	éliminer qn	eliminar a alg.
die Werbekampagne, –n	advertising campaign	la campagne publicitaire	la campaña publicitaria
das Inserat, –e	advertisement	l'annonce	el anuncio
die Drucksachenwerbung	direct-mail advertising	la publicité par imprimés	la publicidad con impresos
die Sonderausstellung, –en	special show	l'exposition spéciale	la exposición especial
das Friseurgerät, –e	hairdressers' equipment and supplies	appareils et articles de coiffure	equipo y artículos para peluquerías
die Werbeagentur, –en	advertising agency	l'agence de publicité	la agencia de publicidad
die Wettbewerbsposition, –en	competitive position	la position sur le marché, la compétitivité	la posición competitiva, la capacidad competitiva
der Konsignationsverkauf, ⸚e	sale on a consignment basis	la vente en consignation	la venta en consignación

Kleines Fachwörterlexikon
(mit alphabetischem Wörterverzeichnis)

ab Werk (ab Fabrik, ab Lager usw.). Verkäufer und Käufer haben folgende Pflichten:
Der Verkäufer muß dem Käufer die Ware in seinem Werk oder Lager zur Verfügung stellen. Er trägt alle Kosten und Gefahren, bis die Ware dem Käufer zur Verfügung gestellt worden ist.
Der Käufer hat die Ware abzunehmen, sobald sie ihm zur Verfügung gestellt worden ist, und trägt von diesem Zeitpunkt an alle Kosten und Gefahren.
Siehe *Incoterms.*

Akkreditiv. Siehe *Dokumentenakkreditiv.*

Anzahlung. Die Vorauszahlung eines Teils des Kaufpreises. Sie ist z.B. bei Spezialanfertigungen üblich. Der Lieferer verlangt eine Anzahlung zur Deckung seiner Kosten und als Sicherheit dafür, daß der Besteller das fertige Erzeugnis auch abnimmt.

Banküberweisung. Die Überweisung eines Betrages von einem Bankkonto auf ein anderes.
Im Außenhandel wird eine Banküberweisung wie folgt durchgeführt: Der Schuldner im Lande A weist seine Bank an, die Auszahlung eines bestimmten Betrages in ausländischer Währung an seinen Gläubiger im Lande B zu veranlassen. Die Bank im Lande A belastet das Konto des Schuldners mit dem Gegenwert des Währungsbetrages und beauftragt ihre Korrespondenzbank im Lande B, den Betrag zu Lasten ihres Währungskontos an den genannten Empfänger auszubezahlen.
Die Anweisung an die ausländische Bank kann brieflich oder telegrafisch übermittelt werden (briefliche und telegrafische Auszahlungen). Die telegrafische Auszahlung ist die schnellste Form der Banküberweisung ins Ausland.

c & f[1] (benannter Bestimmungshafen). Im Gegensatz zu cif wird bei c & f die Versicherung nicht vom Verkäufer gedeckt. Sonst sind die Pflichten von Verkäufer und Käufer die gleichen wie bei cif.
Siehe *Incoterms.*

[1] cost and freight = Kosten und Fracht

cif[1] (benannter Bestimmungshafen). Verkäufer und Käufer haben folgende Pflichten:
Der Verkäufer muß den Beförderungsvertrag schließen und die Ware an Bord des Schiffes bringen. Er trägt alle Gefahren, bis die Ware im Verschiffungshafen die Reling des Schiffes überschritten hat, zahlt die Fracht bis zum benannten Bestimmungshafen und schließt auf eigene Kosten eine Versicherung zugunsten des Käufers ab.
Der Käufer trägt alle Gefahren von dem Zeitpunkt an, an dem die Ware die Reling des Schiffes im Verschiffungshafen überschritten hat sowie alle während des Seetransports entstehenden Kosten mit Ausnahme von Fracht und Versicherung.
Siehe *Incoterms*.

[1] cost, insurance, freight = Kosten, Versicherung, Fracht

Dokumente. Siehe *Versanddokumente*.

Dokumente gegen Akzept (oder: D/A = documents against acceptance). Bei dieser Zahlungsform erhält der Käufer die Versanddokumente gegen Akzeptierung eines vom Verkäufer auf ihn gezogenen Wechsels.
Der Verkäufer übergibt seiner Bank den Wechsel und die Dokumente mit seinem Inkassoauftrag. Die Bank des Verkäufers sendet den Wechsel und die Dokumente an ihre Korrespondenzbank im Lande des Käufers mit der Anweisung, den Wechsel und die Dokumente dem Käufer entweder sofort oder nach Ankunft des Dampfers vorzulegen und ihm die Dokumente nach Akzeptierung des Wechsels auszuhändigen.

Dokumentenakkreditiv. Ein Dokumentenakkreditiv ist ein Versprechen einer Bank, für Rechnung des Käufers dem Verkäufer gegen Übergabe der Versanddokumente einen bestimmten Betrag zur Verfügung zu stellen.
Wenn sich Verkäufer und Käufer auf Zahlung durch Akkreditiv geeinigt haben, erteilt der Käufer seiner Bank den Auftrag, ein Akkreditiv zugunsten des Verkäufers (des Begünstigten) zu eröffnen. Die Bank des Käufers weist ihre Korrespondenzbank im Lande des Verkäufers brieflich oder telegrafisch an, dem Verkäufer den Akkreditivbetrag bei Vorlage der im Akkreditiv genannten Dokumente auszubezahlen.
Akkreditive können unwiderruflich oder widerruflich sein. Ein unwiderrufliches Akkreditiv kann von der eröffnenden Bank nur mit Zustimmung des Begünstigten widerrufen werden. Unwiderrufliche Akkreditive sind stets be-

fristet. Es gibt unwiderrufliche bestätigte und unwiderrufliche unbestätigte Akkreditive. (Die in der Praxis sehr seltenen widerruflichen Akkreditive sind stets unbestätigt.) Die Bestätigung erfolgt durch die Bank im Lande des Verkäufers, die dann ebenfalls für die Einlösung des Akkreditivs haftet. Beim unbestätigten Akkreditiv erhält der Begünstigte von der Bank in seinem Land nur eine Eröffnungsanzeige, bei der die Bank keine Haftung übernimmt.

Erfüllungsort. Nach deutschem Recht ist der Erfüllungsort der Ort, an dem die Leistung des Schuldners zu erfolgen hat. Da es bei einem Warengeschäft zwei Schuldner gibt, nämlich einen Warenschuldner (Verkäufer) und einen Geldschuldner (Käufer), gibt es auch zwei gesetzliche Erfüllungsorte. Der Erfüllungsort für die Lieferung ist der Firmensitz des Verkäufers und der Erfüllungsort für die Zahlung der Firmensitz des Käufers. Verkäufer und Käufer können sich aber auch auf einen gemeinsamen Erfüllungsort, den vertraglichen Erfüllungsort, einigen. Meist ist dies der Firmensitz des Verkäufers. Der Erfüllungsort hat auch Bedeutung für den *Gerichtsstand*.

fas[1] **(benannter Verschiffungshafen).** Verkäufer und Käufer haben folgende Pflichten:
Der Verkäufer muß die Ware längsseits des vom Käufer angegebenen Seeschiffes im benannten Verschiffungshafen bringen. Er trägt alle Kosten und Gefahren, bis die Ware längsseits des Schiffes geliefert worden ist.
Der Käufer muß den notwendigen Schiffsraum beschaffen und den Verkäufer rechtzeitig benachrichtigen. Er trägt alle Kosten und Gefahren von dem Zeitpunkt an, an dem die Ware längsseits des Schiffes gebracht worden ist.
Siehe *Incoterms*.

[1] free alongside ship = frei Längsseite Schiff

fob[1] **(benannter Verschiffungshafen).** Verkäufer und Käufer haben folgende Pflichten:
Der Verkäufer muß die Ware an Bord des vom Käufer angegebenen Seeschiffes im benannten Verschiffungshafen bringen. Er trägt alle Kosten und Gefahren, bis die Ware die Reling des Schiffes überschritten hat.
Der Käufer muß den notwendigen Schiffsraum beschaffen und den Verkäufer rechtzeitig benachrichtigen. Er trägt alle Kosten und Gefahren von dem Zeitpunkt an, an dem die Ware im Verschiffungshafen die Reling des Schiffes überschritten hat.
Siehe *Incoterms*.

[1] free on board = frei an Bord

Frachtbrief. Der Frachtbrief ist ein Begleitpapier für Sendungen, die mit der Eisenbahn, dem Flugzeug oder dem Lastkraftwagen befördert werden. Der Absender muß den Frachtbrief zusammen mit der Ware dem Frachtführer, d. h. dem Transportunternehmen, übergeben. Auf einer Zweitschrift des Frachtbriefs, dem Frachtbriefdoppel, bestätigt der Frachtführer die Übernahme der Sendung.

frachtfrei (benannter Bestimmungsort). Diese Klausel wird nur bei Transporten auf Straße, Schiene und Binnenwasserwegen angewandt. Verkäufer und Käufer haben folgende Pflichten:
Der Verkäufer muß die Ware auf seine Kosten an den vereinbarten Bestimmungsort versenden, er trägt aber die Gefahren nur bis zur Übergabe der Ware an den ersten Frachtführer.
Der Käufer muß alle nach Ankunft der Ware anfallenden Kosten tragen. Die Gefahren trägt er von dem Zeitpunkt an, an dem die Ware dem ersten Frachtführer übergeben worden ist.
Siehe *Incoterms*.

frei Grenze. Siehe *geliefert Grenze (benannter Lieferort an der Grenze)*.

frei Haus. Der Verkäufer trägt alle Kosten und Gefahren bis zur Ablieferung der Ware in der Wohnung oder dem Geschäft des Käufers. Bei „frei Haus verzollt" übernimmt er auch die Verzollung der Ware.
Siehe *geliefert (benannter Bestimmungsort im Einfuhrland) verzollt*.

frei Waggon (benannter Abgangsort). Verkäufer und Käufer haben folgende Pflichten:
Bei Waggonladungen muß der Verkäufer einen Waggon beschaffen und beladen, bei Stückgut muß er die Ware der Eisenbahn übergeben. Er trägt alle Kosten und Gefahren bis zur Übergabe des beladenen Waggons oder der Stückgüter an die Eisenbahn.
Der Käufer trägt alle Kosten und Gefahren von dem Zeitpunkt an, an dem der beladene Waggon oder die Stückgüter der Eisenbahn übergeben worden sind.
Siehe *Incoterms*.

geliefert (benannter Bestimmungsort im Einfuhrland) verzollt.
Der Verkäufer muß dem Käufer die Ware am benannten Bestimmungsort verzollt zur Verfügung stellen. Er trägt alle Kosten (einschließlich Einfuhrzoll

und -abgaben) und Gefahren, bis die Ware dem Käufer zur Verfügung gestellt worden ist. (Eine ähnliche Klausel ist „frei Haus verzollt".)
Siehe *Incoterms*.

geliefert Grenze (benannter Lieferort an der Grenze).
Der Verkäufer muß dem Käufer die Ware am benannten Lieferort an der Grenze zur Verfügung stellen. Er trägt alle Kosten und Gefahren, bis die Ware dem Käufer zur Verfügung gestellt worden ist. (Entspricht der in der Praxis häufig verwendeten Klausel „frei Grenze".)
Siehe *Incoterms*.

Gerichtsstand. Der Gerichtsstand ist der Ort, an dem bei einem Rechtsstreit geklagt werden muß. Die sachliche Zuständigkeit der Gerichte hängt vom Streitwert ab.
Nach deutschem Recht ist der allgemeine Gerichtsstand der Wohnort des Beklagten. Er gilt immer, wenn kein besonderer Gerichtsstand vereinbart worden ist. Meistens vereinbaren die Vertragspartner den Gerichtsstand des *Erfüllungsortes*. Falls nicht ein ausschließlicher Gerichtsstand vereinbart wurde, hat der Kläger die Wahl zwischen dem allgemeinen Gerichtsstand und dem Gerichtsstand des Erfüllungsortes.
Bei Außenhandelsgeschäften ist es für den Verkäufer nur dann zweckmäßig, den eigenen Firmensitz als ausschließlichen Gerichtsstand vorzuschreiben, wenn die Urteile des betreffenden Gerichts im Lande des Käufers vollstreckt werden können, oder der Käufer Vermögenswerte im Lande des Verkäufers besitzt.
Wenn die Vertragspartner einen Rechtsstreit vermeiden wollen, vereinbaren sie statt eines Gerichtsstandes die Zuständigkeit eines *Schiedsgerichts*.

Handelsrechnung. Siehe S. 48.

Incoterms. (International Commercial Terms). Von der Internationalen Handelskammer (IHK) in Paris aufgestellte internationale Regeln für die Auslegung bestimmter im internationalen Handel gebräuchlicher Lieferungsbedingungen.
Die Incoterms wurden im Jahre 1936 herausgebracht und 1953 revidiert (Incoterms 1953). Sie haben rein privaten Charakter und gelten nur, wenn ihre Anwendung von Verkäufer und Käufer vereinbart wurde. In den einzelnen Klauseln werden die Pflichten der Vertragspartner, vor allem die Verteilung der Kosten und der Gefahrenübergang festgelegt.

Die wichtigsten Incoterms sind: *ab Werk*, *frei Waggon (benannter Abgangsort)*, *fas (benannter Verschiffungshafen)*, *fob (benannter Verschiffungshafen)*, *c & f (benannter Bestimmungshafen)*, *cif (benannter Bestimmungshafen)* und *frachtfrei (benannter Bestimmungsort)*.

Im Jahre 1967 hat die IHK Definitionen für zwei weitere Lieferungsbedingungen veröffentlicht, nämlich *geliefert Grenze (benannter Lieferort an der Grenze)* und *geliefert (benannter Bestimmungsort im Einfuhrland) verzollt*. Diese Klauseln haben eine besondere Bedeutung im kontinentaleuropäischen Verkehr, besitzen aber gegenwärtig noch nicht den gleichen Wert wie die Incoterms.

Kasse gegen Dokumente (oder: D/P = documents against payment).
Bei dieser Zahlungsform erhält der Käufer die Versanddokumente gegen Zahlung des Rechnungsbetrages.

Der Verkäufer übergibt seiner Bank die Dokumente mit seinem Inkassoauftrag. Die Bank des Verkäufers sendet die Dokumente an ihre Korrespondenzbank im Lande des Käufers mit der Anweisung, die Dokumente dem Käufer entweder sofort oder nach Ankunft des Dampfers vorzulegen und nach Zahlung des Rechnungsbetrages auszuhändigen.

Konnossement. Das Konnossement ist das wichtigste Dokument des Seefrachtverkehrs. Es wird in der Regel in mehreren Exemplaren ausgestellt und vom Kapitän oder dem Reedereiagenten als Vertreter des Reeders unterschrieben. Die Reederei bestätigt, eine bestimmte Sendung zur Beförderung nach einem bestimmten Hafen erhalten zu haben, und verspricht, diese nach Ankunft gegen Rückgabe des Konnossements auszuliefern. (Erfolgt die Auslieferung gegen eines der Originale, so werden die übrigen dadurch ungültig.)

Das Konnossement wird als rein bezeichnet, wenn darin die Übernahme der Sendung in äußerlich guter Beschaffenheit bescheinigt wird. Man bezeichnet es als unrein, wenn es einen Vermerk über irgendwelche äußeren Mängel der Sendung trägt.

Das Konnossement bestätigt entweder die Verladung der Güter an Bord (Bordkonnossement) oder nur die· Übernahme der Güter zur späteren Verladung (Empfangs- oder Übernahmekonnossement).

Man unterscheidet ferner zwischen dem Order- und dem Namenskonnossement. Das Orderkonnossement wird meist an die Order des Versenders ausgestellt, der es dann mit Indossament weitergeben kann. Das Namenskonnossement lautet auf den Namen des Empfängers. Konnossemente, die an die Order des Versenders lauten, enthalten eine sogenannte Notify-Adresse, an die sich die Reedereivertretung im Bestimmungshafen nach Ankunft der Sendung wenden kann. In den meisten Fällen ist dies die Adresse des Empfängers oder des Vertreters.

Das Konnossement ist nicht wie der Frachtbrief Begleitpapier für die Ware, sondern ein Traditionspapier, mit dem über die schwimmende Ware verfügt werden kann. Die Übergabe des Papiers ersetzt die Übergabe der Ware selbst.

Konsulatsfaktura. Die Konsulatsfaktura ist wie die Zollfaktura eine auf einem besonderen Vordruck ausgestellte Rechnung für Zollzwecke. Im Unterschied zur Zollfaktura muß die Konsulatsfaktura aber von einem Konsulat des Bestimmungslandes legalisiert werden. Für die Legalisierung werden Konsulatsgebühren berechnet.
Konsulatsfakturen werden von vielen mittel- und südamerikanischen Ländern verlangt.

Lieferungsbedingungen. Bedingungen im Kaufvertrag, durch die die Pflichten von Verkäufer und Käufer im Zusammenhang mit der Lieferung festgelegt werden. Sie bestimmen vor allem, wo die Versandkosten und das Versandrisiko vom Verkäufer auf den Käufer übergehen.
Siehe *Incoterms* und *frei Haus*.

Nachnahme. Bei Lieferung gegen Nachnahme wird der Rechnungsbetrag durch die Post, den Frachtführer oder den Spediteur eingezogen. Der Käufer erhält die Ware erst, nachdem er gezahlt hat.
Die dokumentäre Form des Nachnahmegeschäfts ist *Kasse gegen Dokumente*.

Scheck. Der Scheck ist eine Urkunde, durch die ein Kontoinhaber seine Bank anweist, bei Sicht aus seinem Guthaben einen bestimmten Geldbetrag zu zahlen.
Die deutschen Schecks sind stets Inhaberschecks. Sie enthalten den Namen des Scheckempfängers mit dem Zusatz „oder Überbringer". Diese Klausel berechtigt die bezogene Bank, die Zahlung an jeden zu leisten, der den Scheck vorlegt.
Ein Barscheck ist ein Scheck, der bar eingelöst wird. Ein Scheck mit dem Vermerk „Nur zur Verrechnung" ist ein Verrechnungsscheck, der dem Konto des Einreichers gutgeschrieben wird. Ausländische gekreuzte Schecks werden in Deutschland wie Verrechnungsschecks behandelt.
Im Außenhandel stellt der Importeur einen Scheck auf sein Bankkonto aus und

übersendet ihn dem Exporteur, der ihn seiner Bank zum Einzug übergibt. Eine besondere Art des Schecks ist der Bankscheck, den eine Bank auf eine andere zieht. Eine Person oder Firma, die eine Zahlung im Ausland zu leisten hat, kann von ihrer Bank einen Bankscheck in ausländischer Währung kaufen, den die Bank auf ihr Währungsguthaben bei einer ausländischen Bank ausstellt. Der Bankscheck wird dem Gläubiger im Ausland zugeschickt, der ihn dann der bezogenen Bank zur Zahlung präsentiert.

Schiedsgericht. Um einen Rechtsstreit vor einem ordentlichen Gericht zu vermeiden, wird bei Verträgen mit ausländischen Geschäftspartnern oft vereinbart, daß eventuell auftretende Streitigkeiten durch ein Schiedsgericht entschieden werden sollen. Ein Schiedsgerichtsverfahren ist weniger kostspielig und zeitraubend als ein normales Gerichtsverfahren. Die Schiedsrichter sind Fachleute, während die ordentlichen Gerichte erst Sachverständige hinzuziehen müssen. Außerdem führt ein Rechtsstreit unweigerlich zu einem Abbruch der geschäftlichen Beziehungen, was bei einem Schiedsgerichtsverfahren nicht unbedingt der Fall ist.

Es gibt verschiedene Schiedsgerichte und Schiedsgerichtsverfahren, z.B. das Schiedsgericht der Internationalen Handelskammer in Paris, die Hamburger freundschaftliche Arbitrage, die Londoner Arbitrage und die American Arbitration Association in New York. Vertragsparteien, die sich dem Schiedsgericht der Internationalen Handelskammer unterwerfen wollen, nehmen folgende Klausel in ihren Vertrag auf: „Alle aus dem gegenwärtigen Vertrag sich ergebenden Streitigkeiten werden nach der Vergleichs- und Schiedsordnung der Internationalen Handelskammer von einem oder mehreren gemäß dieser Ordnung ernannten Schiedsrichtern endgültig entschieden."

Ursprungszeugnis. Eine von einer Handelskammer oder Zollstelle des Ausfuhrlandes ausgestellte Urkunde, in der der Ursprung einer Ware bescheinigt wird.

Viele Länder schreiben bei der Einfuhr die Vorlage eines Ursprungszeugnisses vor. Es soll dadurch vor allem verhindert werden, daß Einfuhrwaren unberechtigterweise in den Genuß von Vorzugszöllen kommen.

Versanddokumente. Die wichtigsten Versanddokumente bei Exportsendungen sind: *Konnossement*, Frachtbriefdoppel (siehe *Frachtbrief*), *Versicherungspolice*, Versicherungszertifikat (siehe *Versicherungspolice*), *Handelsrechnung, Zollfaktura, Konsulatsfaktura* und *Ursprungszeugnis*.

Versicherungspolice. Die wichtigsten Arten von Policen in der Seeversicherung sind: Einzelpolice, Generalpolice und Abschreibepolice.
Die Einzelpolice wird für einen einzelnen Transport ausgestellt. Die Prämie muß sofort entrichtet werden. Die Generalpolice deckt sämtliche Transporte des Versicherungsnehmers, die dieser in bestimmten Zeitabständen der Versicherungsgesellschaft melden muß. Die Prämienabrechnung erfolgt nachträglich auf Grund der gemeldeten Transporte. Die Abschreibepolice wird für eine Pauschalsumme abgeschlossen, für die die Prämie sofort zu bezahlen ist. Die Versicherungssummen der Transporte eines gewissen Zeitraums (meist eines Monats) werden der Versicherungsgesellschaft gemeldet und von der Pauschalsumme abgezogen. Wenn die Pauschalsumme erschöpft ist, kann die Abschreibepolice durch Zahlung einer weiteren Prämie erneuert werden.
Bei der Generalpolice und der Abschreibepolice stellt die Versicherungsgesellschaft auf Wunsch Versicherungszertifikate für die einzelnen Sendungen aus. Das Versicherungszertifikat dient als Bescheinigung der abgeschlossenen Versicherung gegenüber dem Käufer oder einer Bank, die im Auftrag des Käufers ein Akkreditiv eröffnet hat.

Versicherungszertifikat. Siehe *Versicherungspolice.*

Vorauszahlung. Die Zahlung des gesamten Kaufpreises vor der Lieferung der Ware. Vorauszahlung kann z.B. bei neuen oder finanzschwachen Kunden verlangt werden.

Wechsel. Der gezogene Wechsel oder die Tratte ist eine Urkunde, durch die eine Person oder Firma eine andere auffordert, eine bestimmte Summe zu einem bestimmten Zeitpunkt an den Aussteller selbst oder einen Dritten zu zahlen. Bei einem Wechsel sind beteiligt: Der Aussteller oder Trassant, der den Wechsel ausstellt und unterschreibt, der Bezogene oder Trassat, der zur Zahlung aufgefordert wird, und der Wechselnehmer oder Remittent, an den gezahlt werden soll. Der Aussteller kann gleichzeitig Remittent sein.
Nach dem Verfall unterscheidet man Sichtwechsel, Tagwechsel, Datowechsel und Nachsicht- oder Zeitsichtwechsel. Sichtwechsel sind bei Sicht oder Vorlage fällig, Tagwechsel an einem bestimmten Tag, Datowechsel eine bestimmte Zeit nach dem Ausstellungsdatum und Nachsichtwechsel eine bestimmte Zeit nach Sicht. Alle Wechsel außer den Sichtwechseln müssen vom Bezogenen akzeptiert werden. Das Akzept ist die Unterschrift des Bezogenen auf dem Wechsel, durch die sich dieser verpflichtet, den Wechsel bei Verfall einzulösen.

Als Akzept bezeichnet man aber auch den akzeptierten Wechsel. Der Bezogene, der sein Akzept gibt, wird Akzeptant genannt.

Der Verkauf von Waren gegen das Akzept des Käufers ist sicherer als die Gewährung eines ungesicherten Zahlungsziels, wobei der Grad der Sicherheit nicht zuletzt von der Wechselstrenge des jeweiligen Landes abhängt. (Das deutsche Wechselrecht ist sehr streng.) Beim Wechsel hat der Verkäufer außerdem den Vorteil, daß er ihn diskontieren, d.h. vor Verfall an eine Bank verkaufen, oder als Zahlungsmittel weitergeben kann. Die dokumentäre Form des Verkaufs gegen Wechselakzept ist *Dokumente gegen Akzept*.

Zahlung bei Erhalt der Ware. Bei dieser Zahlungsbedingung ist der Käufer verpflichtet, sofort bei Erhalt der Ware zu zahlen. Der Verkäufer hat jedoch keine Sicherheit dafür, daß der Käufer dieser Verpflichtung nachkommt.

Zahlungsarten. Die häufigsten Zahlungsarten im Außenhandel sind Zahlung durch *Banküberweisung, Scheck* und *Wechsel*.

Auf ausländische Währung lautende Überweisungen, Schecks und Wechsel bezeichnet man als Devisen. In der Bundesrepublik Deutschland gibt es einen freien Devisenmarkt. Die Devisen werden von den Banken gehandelt, die beim Ankauf den Ankaufs- oder Geldkurs, beim Verkauf den höheren Verkaufs- oder Briefkurs berechnen. In vielen Ländern unterliegt der Devisenhandel mehr oder weniger strengen Beschränkungen.

Vgl. *Zahlungsbedingungen*.

Zahlungsbedingungen. Im Außenhandel unterscheidet man zwischen Zahlungsbedingungen, bei denen keine Versanddokumente verwendet werden (nichtdokumentäre Konditionen) und solchen, bei denen die Zahlung gegen Dokumente erfolgt (dokumentäre Konditionen). Die nichtdokumentären Konditionen sind die gleichen Zahlungsbedingungen, die auch im Binnenhandel vorkommen, nämlich *Vorauszahlung, Anzahlung, Zahlung bei Erhalt der Ware*, Lieferung gegen *Nachnahme* oder Wechselakzept (siehe *Wechsel*) und Gewährung eines *Zahlungsziels*. Die wichtigsten dokumentären Konditionen sind *Kasse gegen Dokumente, Dokumente gegen Akzept* und *Dokumentenakkreditiv*.

Vgl. *Zahlungsarten*.

Zahlungsziel. Ein kurzfristiger Warenkredit, bei dem der Lieferer dem Kunden eine Frist für die Zahlung gewährt (z.B. 60 Tage Ziel). Bei vorzeitiger Zahlung erhält der Käufer oft Skonto (z.B. Zahlung innerhalb von 14 Tagen mit 2% Skonto oder 30 Tage netto).

Zollfaktura. Eine für die Zollbehörde des Einfuhrlandes bestimmte Rechnung, die vom Exporteur auf einem besonderen Vordruck ausgestellt werden muß. In der Zollfaktura müssen der Exportpreis, der Inlandspreis im Exportland und das Ursprungsland der Ware angegeben werden. (Ist der Inlandspreis im Exportland höher als der Exportpreis, so wird dieser bei der Verzollung zugrunde gelegt.)

Zollfakturen werden vor allem von den Ländern des britischen Commonwealth (außer Großbritannien selbst) verlangt. Sie tragen in diesen Ländern meist die Bezeichnung Combined Certificate of Value and Origin (kombiniertes Wert- und Ursprungszeugnis). Auch in den Vereinigten Staaten muß bei Sendungen im Wert von über 500 $, die dem Wertzoll unterliegen, eine Zollfaktura (Special Customs Invoice) vorgelegt werden.

Alphabetisches Wörterverzeichnis

Verzeichnis der im Kleinen Fachwörterlexikon verwendeten kaufmännischen Ausdrücke

A

*ab*schließen*, Versicherung ~	to effect insurance, to take out insurance	conclure une assurance	concluir el seguro
die Abschreibepolice, –n	floating policy, declaration policy	la police flottante	la póliza flotante
ab Werk	ex works	pris à l'usine, départ usine	ex works, ex fábrica
das Akkreditiv, –e	letter of credit	le crédit documentaire	el crédito documentario
das Akzept, –e	acceptance	l'acceptation	la aceptación
der Akzeptant, –en	acceptor	l'accepteur	el aceptante
akzeptieren	to accept	accepter	aceptar
das Angebot = die am Markt angebotenen Waren (*nur Sing.*)	supply	la marchandise offerte sur le marché, l'offre	la mercancía ofrecida en el mercado, la oferta
das Angebot, –e (= die Offerte)	offer, quotation	l'offre	la oferta
der Ankaufskurs, –e	buying rate	le cours d'achat	la cotización de compra, el tipo de compra
die Anzahlung, –en	down payment, deposit	l'acompte	el pago a cuenta
das Ausfuhrland, ⁼er	exporting country	le pays exportateur	el país exportador
der Außenhandel	foreign trade	le commerce extérieur	el comercio exterior
der Aussteller, – (*Wechsel*)	drawer	le tireur	el librador

B

das Bankkonto, Bankkonten	bank(ing) account	le compte en banque	la cuenta bancaria
der Bankscheck, –s	bank draft	le chèque bancaire	el cheque (bancario)
die Banküberweisung, –en	bank transfer	le virement bancaire	la transferencia bancaria
der Barscheck, –s	open cheque	le chèque ordinaire (= non barré)	el cheque abierto (= no cruzado)

befristet	having a fixed period of validity	limité, à durée limitée	con validez limitada
der Beförderungsvertrag, "e	contract of carriage	le contrat de transport	el contrato de transporte
der Begünstigte, -n (*Akkreditiv*)	beneficiary	le bénéficiaire	el beneficiario
belasten (*Konto*)	to debit	charger, porter au débit	cargar (= adeudar) una cuenta
die Beschaffenheit, in äußerlich guter ~	in apparent good order and condition	en bon état et conditionnement apparents	sin defectos visibles, por su aspecto exterior en buen estado y condición
bestätigt (*Akkreditiv*)	confirmed	confirmé	confirmado
der Bestimmungshafen, "	port of destination	le port de destination	el puerto de destino
der Bestimmungsort, -e	place of destination	le lieu de destination	el lugar de destino
der Bezogene, -n (*Wechsel*)	drawee	le tiré	el librado, el pagador
die bezogene Bank	drawee bank	la banque tirée	el banco librado
der Binnenhandel	home trade, domestic trade	le commerce intérieur	el comercio interior (= nacional)
der Briefkurs, -e	selling rate	le cours vendeur (= de vente), le cours offert	la cotización ofrecida
die briefliche Auszahlung	mail transfer	le paiement postal	la transferencia postal
das Bordkonnossement, -e	on-board bill of lading	le connaissement reçu à bord	el conocimiento de embarque «a bordo»

D

der Datowechsel, -	date bill (of exchange), date draft	la traite à délai de date	la letra a X días fecha
decken, Versicherung ~	to cover insurance	couvrir l'assurance	cubrir el seguro
die Devisen	foreign exchange	les devises	las divisas
der Devisenmarkt, "e	foreign exchange market	le marché des devises	el mercado de divisas
der Devisenhandel	foreign exchange dealings	le commerce de change	las operaciones de divisas
diskontieren	to discount	escompter	descontar
Dokumente gegen Akzept	documents against acceptance	documents contre acceptation	documentos contra aceptación
das Dokumentenakkreditiv, -e	documentary (letter of) credit	le crédit documentaire	el crédito documentario

E

die Einfuhrabgabe, -n	import tax, import levy (*other than customs duty*)	la taxe à l'importation	la tasa sobre las importaciones

153

der Einfuhrzoll, ⸚e	import duty	le droit d'entrée (= à l'importation)	los derechos de importación
einlösen	to pay, to cash	payer, recouvrer	cobrar
der Einreicher, – (*Scheck*)	person cashing a cheque	celui qui présente un chèque à l'encaissement	el que cobra un cheque
die Einzelpolice, –n	voyage policy	la police individuelle	la póliza individual
der Einzug (= das Inkasso)	collection	l'encaissement, le recouvrement	el cobro
das Empfangskonnossement, –e	received-for-shipment bill of lading	le connaissement «reçu pour embarquement»	el conocimiento «recibido para embarque»
der Erfüllungsort, –e	place of fulfilment, place of performance	le lieu d'exécution de la prestation	el lugar de cumplimiento
eröffnen (*Akkreditiv*)	to open, to establish	ouvrir, établir	abrir, establecer
die eröffnende Bank (*Akkreditiv*)	opening bank	la banque de l'importateur	el banco del importador
die Eröffnungsanzeige, –n (*Akkreditiv*)	advice of credit opened	l'avis d'ouverture d'accréditif	el aviso de abertura del crédito

F

fällig	due, payable	payable, échu	pagadero, vencedero
die Fracht (= die Frachtgebühr)	carriage, freight	les frais de transport, le fret	los gastos de transporte, el flete
der Frachtbrief, –e	consignment note, waybill	la lettre de voiture	la carta de porte, la declaración de expedición
das Frachtbriefdoppel, –	duplicate consignment note	le duplicata de la lettre de voiture	el talón de ferrocarril
frachtfrei	freight or carriage paid	franco de port, en port payé	a porte pagado
der Frachtführer, –	carrier	le voiturier, le transporteur	el porteador
frei Grenze	free frontier, franco frontier	franco frontière	franco frontera
frei Haus	franco domicile, free buyer's address	franco à domicile	franco domicilio
frei Waggon (benannter Abgangsort)	F.O.R./F.O.T. (named point of departure)	franco (sur) wagon … (indication du point de départ)	franco vagón … (indicación del lugar de salida)

G

der gekreuzte Scheck	crossed cheque	le chèque barré	el cheque cruzado
der Geldkurs, –e	buying rate	le cours de change	la cotización demandada

geliefert Grenze (genannter Lieferort an der Grenze)	delivered at frontier (named place of delivery at frontier)	rendu franco frontière (indication du lieu à la frontière)	puesto en la frontera … (indicación del lugar determinado en la frontera)
geliefert (benannter Bestimmungsort im Einfuhrland) verzollt	delivered (named place of destination in the country of importation) duty paid	rendu (indication du lieu de destination dans le pays importateur) dédouané	puesto en (indicación del determinado lugar en el país importador) derechos de aduana pagados
die Generalpolice, –n	open policy	la police générale	la póliza abierta
das (ordentliche) Gericht, –e	court of law	le tribunal judiciaire	el tribunal ordinario
der Gerichtsstand	place of the court having jurisdiction	le tribunal compétent, la juridiction de compétence	el tribunal competente
das Gerichtsverfahren, –	legal proceedings	la procédure judiciaire	el procedimiento judicial
der Gläubiger, –	creditor	le créancier	el acreedor
das Guthaben, –	credit balance	l'avoir, le crédit	el haber, el saldo activo

H

haften	to be liable	répondre de qc, être responsable de qc	responder de u.c., ser responsable de u.c.
die Haftung	liability	la responsabilité	la responsabilidad
die Handelskammer, –n	chamber of commerce	la chambre de commerce	la cámara de comercio
die Handelsrechnung, –en	commercial invoice	la facture commerciale	la factura comercial

I

das Indossament, –e	endorsement	l'endos, l'endossement	el endoso
der Inhaberscheck, –s	bearer cheque	le chèque au porteur	el cheque al portador
der Inkassoauftrag, ̈–e (Dokumenteninkasso)	documentary bill lodgment form, letter of transmittal	le mandat d'encaissement, l'ordre d'encaissement	el cobro de documentos
die Internationale Handelskammer	International Chamber of Commerce	la Chambre de Commerce Internationale	la Cámara de Comercio Internacional

K

Kasse gegen Dokumente	documents against payment, cash against documents	comptant contre documents	al contado contra documentos

der Käufer, –	buyer	l'acheteur	el comprador
der Kaufpreis, –e	purchase price	le prix d'achat	el precio de compra
der Kaufvertrag, ⸚e	contract of sale	le contrat de vente	el contrato de compraventa
das Konnossement, –e	bill of lading	le connaissement	el conocimiento de embarque
die Konsulatsfaktura, Konsulatsfakturen	consular invoice	la facture consulaire	la factura consular
die Konsulatsgebühr, –en	consular fee	la taxe consulaire	los derechos consulares
das Konto, Konten	account	le compte	la cuenta
die Korrespondenzbank, –en	correspondent bank	la banque correspondante	e¡ banco corresponsal
kurzfristig	short-term	à court terme	a corto plazo

L

das Lager, –	warehouse	le dépôt, le magasin	el almacén
Lasten, zu ~ (eines Kontos)	to the debit of (an account)	au débit de (un compte)	a cargo de (una cuenta)
legalisieren	to legalize	légaliser	legalizar
die Legalisierung, –en	legalization	la légalisation	la legalización
der Lieferer, –	supplier	le fournisseur	el suministrador, el proveedor
die Lieferungsbedingung, –en	terms of delivery, shipping terms	les conditions de livraison	las condiciones de entrega

N

die Nachfrage *(nur Sing.)*	demand	la demande	la demanda
die Nachnahme, gegen ~	cash on delivery, C.O.D.	contre remboursement	contra rembolso
der Nachsichtwechsel, –	term sight bill (of exchange), draft payable after sight	la traite à un certain délai de vue	la letra a tantos días vista
das Namenskonnossement, –e	straight bill of lading	le connaissement nominatif	el conocimiento nominativo

O

das Orderkonnossement, –e	order bill of lading	le connaissement à ordre	el conocimiento a la orden

P

die Pauschalsumme, –n	lump sum	la somme forfaitaire	la suma global
die Prämie, –n	premium	la prime	la prima
die Prämienabrechnung, –en	assessment of premium	le décompte des primes	la liquidación de las primas

die Rechnung, –en	bill, invoice	la facture, le compte	la factura, la cuenta
der Rechnungsbetrag, ⁻e	invoice amount, invoice total	le montant de la facture	el importe de la factura
der Rechtsstreit	lawsuit, litigation	le litige	el litigio
der Reeder, –	shipowner	l'armateur, le fréteur	el armador, el fletante
die Reederei, –en	shipping company	la compagnie d'armement	la compañía naviera
rein (*Konnossement*)	clean	net, sans réserve	limpio, «clean»
die Reling (des Schiffes), –s	(ship's) rail	le bastingage	la borda
der Remittent, –en	payee	le preneur, le bénéficiaire	el tenedor, el tomador

S

der Sachverständige, –n	expert	l'expert, le spécialiste	el experto, el perito
der Scheck, –s	cheque, check	le chèque	el cheque
der Scheckempfänger, –	payee (of a cheque)	le bénéficiaire d'un chèque	el tomador de un cheque
das Schiedsgericht, –e	court of arbitration	le tribunal d'arbitrage	el tribunal de arbitraje
das Schiedsgerichtsverfahren, –	arbitration, arbitration procedure	la procédure d'arbitrage	el procedimiento de arbitraje
der Schiedsrichter, –	arbitrator	l'arbitre	el árbitro
der Schiffsraum	shipping space, freight space	le tonnage, la capacité	el tonelaje
schließen*, einen Vertrag ~	to conclude a contract or agreement, to enter into a contract	conclure un contrat	concluir un contrato
der Schuldner, –	debtor	le débiteur	el deudor
die Seeversicherung, –en	marine insurance	l'assurance maritime	el seguro marítimo
Sicht, bei ~	at sight	à vue	a la vista
der Sichtwechsel, –	sight bill (of exchange), sight draft	la traite à vue	la letra a la vista
der (*oder* das) Skonto, Skonti	cash discount	l'escompte	el descuento
der Spediteur, –e	forwarding agent	le commissionnaire de transport, le commissionnaire-expéditeur	el agente de transportes
die Streitigkeit, –en	dispute	le différend, le litige	la disputa, la divergencia, el litigio
der Streitwert, –e	sum in dispute	la valeur du litige	la cuantía (litigiosa)
das Stückgut, ⁻er	load less than a wagonload, less-than-carload lot	les colis de détail	los bultos sueltos

T

der Tagwechsel, –	bill (of exchange) payable on a fixed day	la lettre de change à jour fixe	la letra a día fijo
die telegrafische Anweisung	telegraphic transfer, cable transfer	le mandat télégraphique	la transferencia telegráfica
das Traditionspapier, –e	document of title	le titre endossable	el documento transferible
der Trassant, –en	drawer	le tireur	el librador
der Trassat, –en	drawee	le tiré	el librado
die Tratte, –en	draft	la traite, l'effet tiré	el giro

U

der Überbringer, –	bearer	le porteur	el portador
das Übernahmekonnossement, –e	received-for-shipment bill of lading	le connaissement «reçu pour embarquement»	el conocimiento «recibido para embarque»
überschreiten*, die Reling des Schiffes ~	to pass the ship's rail	traverser le bastingage du navire	pasar (= cruzar) la borda del buque
unbestätigt (*Akkreditiv*)	unconfirmed	non confirmé	no confirmado
unrein (*Konnossement*)	foul	avec réserves	defectuoso
unterwerfen*, sich einem Schiedsgericht ~	to submit to a court of arbitration	se soumettre à la décision d'un tribunal d'arbitrage	someterse a la decisión de un tribunal de arbitraje
unwiderruflich (*Akkreditiv*)	irrevocable	irrévocable	irrevocable
das Ursprungszeugnis, –se	certificate of origin	le certificat d'origine	el certificado de origen
das Urteil, –e (*Zivilprozeß*)	judgment	le jugement, la sentence	la sentencia

V

der Verschiffungshafen, "	port of shipment	le port d'embarquement	el puerto de embarque
Verfall, bei ~	at maturity	à échéance, à expiration	al vencimiento
die Vergleichs- und Schiedsordnung der Internationalen Handelskammer	Rules of Conciliation and Arbitration of the International Chamber of Commerce	le Règlement de Conciliation et d'Arbitrage de la Chambre de Commerce Internationale	las Reglas de Conciliación y Arbitraje de la Cámara de Comercio Internacional
der Verkäufer, –	seller	le vendeur	el vendedor
der Verkaufskurs, –e	selling rate	le cours vendeur	la cotización de venta
die Vermögenswerte	assets	les valeurs (en) capital	los bienes, el activo

der Verrechnungsscheck, –s	le chèque à porter en compte, le chèque barré	corresponds to the British crossed cheque	el cheque para abonar en cuenta, el cheque cruzado
die Versanddokumente	les documents d'expédition	shipping documents	los documentos de embarque
der Versender, –	l'expéditeur	consignor, shipper	el expedidor
die Versicherungsgesellschaft, –en	la compagnie d'assurance	insurance company	la compañía de seguros
der Versicherungsnehmer, –	**le souscripteur d'une police d'assurance, l'assuré**	person or firm taking out insurance	el contratante del seguro
die Versicherungspolice, –n	la police d'assurance	policy of insurance, insurance policy	la póliza de seguro
das Versicherungszertifikat, –e	le certificat d'assurance	certificate of insurance, insurance certificate	el certificado de seguro
der Vertragspartner, –	la partie contractante	party to a contract or agreement	la parte contratante
der Vertreter, –	le représentant, l'agent	representative, agent	el representante, el agente
verzollt	dédouané, droits de douane payés	duty paid	derechos de aduana pagados, derechos de aduana incluidos
die Verzollung	le dédouanement, le paiement des droits de douane	payment of duty; customs clearance	el pago de los derechos de aduana, el aforo
vollstrecken, ein Urteil ~	**faire exécuter un jugement**	to execute a judgment	ejecutar un juicio (= una sentencia)
die Vorauszahlung, –en	le paiement par anticipation, le versement anticipé	payment in advance	el pago (por) adelantado (= anticipado)
der Vorzugszoll, ″e	le droit de douane préférentiel	preferential tariff	el derecho de aduana preferencial

W

die Waggonladung, –en	le wagon complet	wagon load, carload	el vagón completo, la carga de un vagón
die Währung, –en	la monnaie	currency	la moneda
der Wechsel, –	la lettre de change, l'effet	bill of exchange	la letra de cambio
der Wechselnehmer, –	le preneur d'une lettre de change	payee	el tomador de una letra de cambio
das Wechselrecht	**le droit cambiaire**	law relating to bills of exchange	el derecho cambiario
die Wechselstrenge	**la rigueur de la législation sur les lettres de change**	stringency of the law relating to bills of exchange	el rigor de la legislación sobre letras de cambio

widerruflich (*Akkreditiv*)	revocable	révocable	revocable
Z			
die Zahlungsbedingung, –en; Zahlungsmittel, als~ *weiter-geben** (*Wechsel*)	terms of payment; to pass on in payment of a debt	les conditions de paiement; endosser une traite à l'ordre de qn	las condiciones de pago; entregar a otro una letra en pago, endosar una letra a la orden de alg.
das Zahlungsziel, –e	credit period	le terme d'échéance (= de règlement), le délai de paiement	el plazo de pago
der Zeitsichtwechsel, –	term sight bill (of exchange), draft payable after sight	la traite (payable) à un certain délai de vue	la letra a tantos días (meses) vista
die Zollbehörde, –n	customs authorities	l'administration des douanes, les douanes	las autoridades de Aduana
die Zollfaktura, Zollfakturen	customs invoice	la facture douanière	la factura aduanera
die Zollstelle, –n	customs office	le bureau (= le poste) de douane	la aduana
die Zuständigkeit, –en (*Gericht*)	jurisdiction	la compétence (des tribunaux)	la competencia (de un tribunal)